Christine Hochreiter

Manufakturen in Niederbayern
Von der Liebe zu handgemachten Dingen

Christine Hochreiter

Manufakturen in Niederbayern
Von der Liebe zu handgemachten Dingen

SüdOst Verlag

Bibliografische Information der Deutschen Nationalbibliothek

Die Deutsche Nationalbibliothek verzeichnet diese Publikation in der Deutschen Nationalbibliografie; detaillierte bibliografische Daten sind im Internet über http://dnb.dnb.de abrufbar.
ISBN 978-3-95587-771-2

Umschlag:
Bretterhintergrund: fotolia.com, primopiano
Gläser: Sepp Eder
Dirndl: EP-Fotografie
Woidseife Zirbelkiefer: Michael Wühr

Klappe hinten: Foto Autorin: Julia Bosch

Innenteil:
Karte S. 10/11: www.openstreetmap.org / www.creativecommons.org

Für uns, die Battenberg Gietl Verlag GmbH mit all ihren Imprint-Verlagen, ist Nachhaltigkeit ein wichtiger Teil unserer Unternehmensphilosophie. Daher achten wir bei allen unseren Produkten auf den Einsatz umweltschonender Ressourcen und Materialien.
Dieses Buch wurde auf FSC-zertifiziertem Papier gedruckt. FSC (Forest Stewardship Council) ist eine nicht staatliche, gemeinnützige Organisation, die sich für die verantwortungsvolle und ökologische Nutzung der Wälder unserer Erde einsetzt.

Unsere Partnerdruckerei kann zudem für den gesamten Herstellungsprozess nachfolgende Zertifikate vorweisen:
– Zertifizierung für FOGRA PSO
– Zertifizierungssystem FSC
– Leitlinien zur klimaneutralen Produktion (Carbon Footprint)
– Zertifizierung EcoVadis (die Methodik besteht aus 21 Kriterien in den Bereichen Umwelt, Einhaltung menschlicher Rechte und Ethik)
– Zertifikat zum Energieverbrauch aus 100 % erneuerbaren Quellen
– Teilnahme am Projekt „Grünes Unternehmen" zum Schutz von Naturressourcen und der menschlichen Gesundheit

1. Auflage 2021
ISBN 978-3-95587-771-2
© 2021 SüdOst Verlag in der Battenberg Gietl Verlag GmbH, Regenstauf
www.battenberg-gietl.de

Liebe Leserinnen und Leser,

„Was hast du mir mitgebracht?" Diese Frage wurde Ihnen bestimmt auch schon gestellt. Das Herz erfreut sich an Geschenken, die mit Erinnerungen an einen Urlaub oder einen Ausflug verwoben sind. „Manufakturen in Niederbayern" ist ein Buch, durch das man nicht nur zufällig Schönes entdeckt, sondern durch das die besonderen Manufakturen Niederbayerns selbst zum Ziel werden.

Es sind neue Blickwinkel auf Niederbayern, die die Autorin Christine Hochreiter zeigt. Der Blick richtet sich auf Menschen, die ihre Heimat durch Kunstfertigkeit, Kreativität und durch ihren unternehmerischen Mut prägen. Charaktertypen eben, Menschen, die einer Tourismusregion Charme verleihen. Jeder Handwerker, jeder Kunsthandwerker, jeder der seine Produkte in vielen Einzelschritten selbst herstellt, hat eine emotionale Bindung an sein Produkt. Es ist das Herzblut, das darin steckt, das die Pfanne zum Lieblingsstück, den Likör zur Jahresedition und die Lederhose zum weltweiten Unikat macht.

Das Buch „Manufakturen in Niederbayern" ist eine verführerische Entdeckungsreise durch das Bayerische Golf- und Thermenland und den Bayerischen Wald. Es ist eine Reise zu Kunst, Handwerk und in alte Kulturlandschaft. Es schafft Atmosphäre, erzählt von Begeisterung und Überzeugung. Freuen Sie sich auf handgemachte Spezialitäten wie Marmeladen, Spirituosen, Glas oder Seifen, die ihre niederbayerische Heimat umgarnen. Es gibt keine weiten Wege und keine Kompromisse an die Qualität, sondern pure Freude an den reinen Rohstoffen. Teilen Sie diese pure Freude beim Lesen dieses Buches und beim Besuch der Manufakturen Niederbayerns.

Ihr Dr. Michael Braun
Vorstand
Tourismusverband Ostbayern

Liebe Leserinnen und Leser,

es ist mir eine Ehre, für das Buchprojekt „Manufakturen in Niederbayern" von Christine Hochreiter ein Grußwort schreiben zu dürfen.

Im Mittelpunkt stehen Menschen aus unserer Heimat, die mit den Händen etwas erschaffen und ihr ganzes Herzblut in ihre Arbeit stecken. Menschen, deren Beruf zur Berufung geworden ist. Menschen, die andere mit ihrer Leidenschaft anstecken, wenn sie von ihrer Profession erzählen. Schön, dass diese Menschen hier zu Wort kommen. Sie sind wunderbare Beispiele für die Stärke, Bedeutsamkeit und Tradition des Handwerks in unserer Region.

Tradition und Innovation sind längst kein Widerspruch mehr. Es ist im Trend, regional und nachhaltig zu arbeiten und zu konsumieren. Echtes „Hand"-Werk wird wieder geschätzt. Ob Handweberei, Instrumentenbau, Lederhandwerk, Konditorei oder Keramik – Handwerker arbeiten kreativ mit ihren eigenen Händen. Sie sind mehr als nur Dienstleister oder Produzent. Sie erschaffen etwas, das Bestand hat. Etwas „Echtes", das den Kunden Nutzen stiftet und dem Handwerker eine Zufriedenheit gibt, die kaum in Worte zu fassen ist. Und ganz nebenbei tragen sie auch noch zur Stabilisierung des ländlichen Raumes bei, wenn es um die Wertschöpfung, die Versorgung mit Produkten, Dienstleistungen, Arbeits- und Ausbildungsplätzen und nicht zuletzt den gesellschaftlichen Zusammenhalt geht.

Ich wünsche der Autorin und den porträtierten Handwerkerinnen und Handwerkern viel Erfolg und den Leserinnen und Lesern Freude und Inspiration.

Ihr Dr. Georg Haber
Präsident der Handwerkskammer
Niederbayern-Oberpfalz

Liebe Leserinnen und Leser,

ich liebe Handgemachtes und besondere Produkte aus kleinen Betrieben. Ich mag es, wenn ich weiß, wo (und im besten Fall auch von wem) etwas hergestellt wird, das ich trage, benutze, esse oder trinke. Von Ausflügen und Reisen bringe ich mir immer typische Erzeugnisse mit. Denn all die schönen und guten Dinge erinnern mich an bestimmte Orte und die Menschen, bei denen ich die Ware eingekauft habe.

Spätestens seitdem das Corona-Virus unseren Bewegungsradius stark eingeschränkt hat, entdecken wir aber endlich wieder, welch phantastische Produkte es in unserem näheren Umkreis gibt und wie viele – gerade auch jüngere – Leute sich mit großer Hingabe für Regionalität und Qualität engagieren.

Niederbayern hat jede Menge zu bieten: bunte Nudel-Kreationen aus dem Rottal, hopfige Spirituosen- und Schokoladespezialitäten aus der Hallertau, veredelte Butter, Naturseifen, Zigarren, schmie-

deeiserne Pfannen, Glaskunst oder Ledergürtel aus dem Bayerischen Wald, Gewebtes aus dem Passauer Land, mobile Hühnerställe, Kerzen, Taschen, Geigen, kreative Holzverpackungen, Pomeranzenlikör oder Kräutergeist – die Palette der Erzeugnisse, die hier von Hand hergestellt werden, ist riesig und bisweilen einzigartig. Und nicht selten haben die Menschen, die diese Produkte fertigen, ihre Passion zum Beruf gemacht: wie die Bankerin, die nun Dirndl designt oder der Werkleiter einer Konservenfabrik, der jetzt in seinem „Werkstoi" Messer fertigt.

Kommen Sie mit auf Entdeckungsreise durch die neun Landkreise Niederbayerns und lassen Sie sich von der Liebe zu handgemachten Dingen infizieren.

Ihre Christine Hochreiter
Foto: Julia Bosch

Inhaltsverzeichnis

Die Nummerierung verweist auf die Seitenzahlen des Buches, auf denen die Manufakturen zu finden sind.

 = Manufaktur

Bergreichenstein

Bayerisch Eisenstein

144 Viechtach

Bodenmais

128

11

REGEN

Zwiesel

148 E53 **134**

124

Regen

85

Nationalpark Bayerischer Wald

Mauth

39

85

38 Grafenau

FREYUNG-GRAFENAU

533

16

12

DEGGENDORF

533

Plattling

Freyung

46

Neureichenau

85

42

Eging am See

Waldkirchen

12

20 Osterhofen

PASSAU

Hauzenberg

3

88

92

Wegscheid

98

Vilshofen an der Donau

84

8

Passau (Stadt)

108

112

388

Arnstdorf

3

Donau

136

ROTTAL-INN

80 Bad Griesbach im Rottal

Schärding

102

Pfarrkirchen

388

Pocking

137

120

Bad Füssing

116

E552

Inn

Braunau am Inn

148

Geinberg

A8

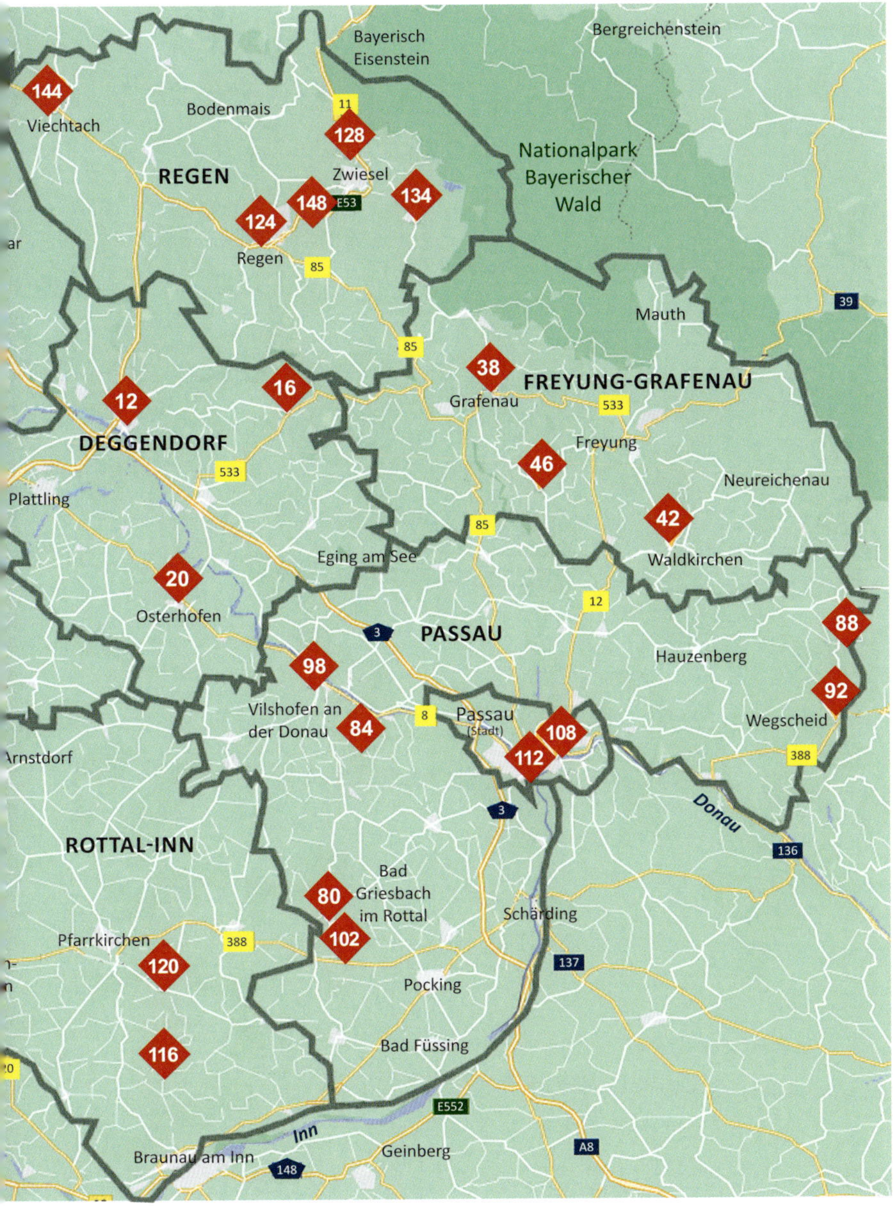

Foto: Delia Grimm

NICHTS ALS WOLLE, SEIFE, WASSER UND „DER HÄNDE KRAFT"

Delia Grimm verbindet ein Kunsthandwerk mit Bildungsarbeit

Ich sehe überall Fasern", sagt Delia Grimm. Und ist umgeben von Wolle und schönen, fröhlich-bunten Sachen, die sie daraus gemacht hat – in ihrer Filzwerkstatt, die sie „Augentrost" genannt hat. Dabei kommt die Sozialpädagogin eigentlich aus der Jugendarbeit. Irgendwann einmal hat ihr bei der Suche nach preisgünstigen Stoffen und Werkmaterialien jemand gezeigt, wie man einen Ball filzt. Das hat sie „richtig gepackt", wie sie sagt, – und nie wieder losgelassen. Dass man nur Wolle, Seife, Wasser und „der Hände Kraft" benötigt, um Sitzauflagen, Handpuppen, Wandbilder, Taschen, Mützen oder Kleidung herzustellen, fasziniert sie.

Grimm beschloss, sich nach der Gründung ihrer Filzwerkstatt 2007 berufsbegleitend zur Filzgestalterin weiterzubilden. Dabei erlebte sie mehr und mehr, welches Potenzial das Material Wolle in sich birgt. Sie wollte möglichst viel über all die unterschiedlichen Wollsorten, Techniken oder die Berechnung des sogenannten Schrumpffaktors lernen. Im Filzprozess ziehen sich die Wollfasern zu einem stabilen Faserverbund zusammen und das bei jeder Wollsorte anders. Bei der einen sind es 20 bis 30 Prozent Schrumpfung, bei einer anderen 50 Prozent oder mehr. Deshalb stellen Filzkünstler in der Vorbereitung

Das Filzen von Figuren und Handpuppen ist Grimms „Herzensding".
Foto: Delia Grimm

zunächst eine Filzprobe her, meist ein quadratisches Mustertuch. Wenn es entsprechend bearbeitet und geschrumpft ist, können sie den Faktor bestimmen, um das eigentliche Werkstück zu berechnen.

Delia Grimm hält selbst Schafe. In ihrer Filzwerkstatt stellt sie aus Wolle unter anderem auch Kleidung her. Fotos: Mara & Delia Grimm

Klassisch beginnt Filzen mit dem Auslegen von ungesponnener Schafwolle, die bereits gewaschen und gekämmt ist. Die Expertin: „Es gibt grobe, sehr grobe, feine und sehr feine Fasern. Ob Walliser Schwarznasenschaf, Merinoschaf oder Alpines Steinschaf – sie haben alle unterschiedliche Wollen mit unterschiedlichen Eigenschaften." Wer mit Filz arbeitet, muss sich also genau überlegen, für welches Produkt er welche Wolle verwendet. Grimm nennt ein Beispiel: Ein Schal aus Bergschafwolle kann jucken. Diese robuste Wolle verwendet man besser für Taschen, Teppiche und Ähnliches.

Die Deggendorferin kauft viele ihrer Materialien (Schaf- oder Alpakawolle) nach Möglichkeit regional oder lokal direkt bei den Tierhaltern ein. Sie selbst hält auch Schafe und verwertet deren Wolle. Sie hat inzwischen ein richtiges Schafnetzwerk geknüpft, und es gibt etliche Leute, die ihr die Wolle ihrer Schafe zum Verarbeiten bringen.

Der Prozess des Filzens als solches begeistert sie immer wieder aufs Neue: wie sich trockene, ungerichtete Fasern zu einem stabilen Stoff verbinden. Man benötigt viel Erfahrung, um auf die passende Größe in entsprechender Qualität zu filzen. Grimm filzt für ihre Kunden auf Bestellung und gibt Kurse auch in der eigenen Werkstatt. Filzprodukte fertigt die Deggendorferin für drei verschiedene Bereiche: als Gebrauchsfilz etwa für Stuhlkissen oder Eckbankauflagen und Taschen, als Bekleidungsfilz oder als Figuren. „Die sind mein Herzensding", sagt sie. Weil sie die segensreiche Wirkung dieser Figuren und Handpuppen schon so oft erleben durfte – in Kindergärten, Förderzentren oder der Logopädie. Ihre Tätigkeit im Bildungsbereich verbindet Grimm mit dem Filzen. Vor dem Hintergrund ihrer Erfahrung in der Erlebnis- und Bildungsarbeit mit Kindern, Jugendlichen und Erwachsenen möchte sie ihre Begeisterung für das Thema Wolle weitergeben. Und sie hat eine Erfahrung gemacht: „Aus ungeordneten Haufen, aus Chaos, entstehen relativ schnell coole Sachen, auf die man stolz sein kann. Neben dem Filzhandwerk kann Filzen als Methode unglaubliche persönliche Stärken freisetzen – und nicht nur Kinder, sondern auch Erwachsene können sich damit neu entdecken." Und der Kreativität seien bei diesem Prozess keine Grenzen gesetzt.

Immer wieder beteiligt sich Grimm an nationalen und internationalen Ausstellungen, wie beispielsweise an der „Mystic garden" in Jämsa, Finnland, oder der „Passion Filz", die von Deutschland über die Niederlande bis nach Italien wanderte.

FILZWERKSTATT AUGENTROST

Delia Grimm

Kapuzinergraben 5
94469 Deggendorf
info@augentrost.info

www.augentrost.info

Foto: Marmeladen-Haus

EINE ANLAUFSTELLE FÜR SCHLECKERMÄULER

❖◆❖

Goldpomi, Gartenerdbeere, Gin Tonic und Co.

Fast zehn Jahre lang war das Marmeladen-Haus am Passauer Rindermarkt eine beliebte Anlaufstelle für Schleckermäuler. Am Probiertischlein – bei passendem Wetter stand es draußen vor der Tür – konnte man die neuesten und auch bereits bewährte Kreationen von Karin Lazarides kosten. Den Laden gibt es nicht mehr. Stattdessen haben die Marmeladenköchin und ihr Ehemann Gerhard Klose die Türen zu ihrer Manufaktur geöffnet. Und die befindet sich an einem Ort, der für ihr Metier nicht besser geeignet sein könnte: im Lallinger Winkel, einer Region, die man „die Obstschüssel des Bayerischen Waldes" nennt. In ihrem Domizil, das als Wohnhaus, Produktionsort und Verkaufsstätte dient, in der Gemeinde Hunding, rührt Lazarides Marmeladen, Gelees, Chutneys und Fruchtsenfe an. Die meisten ihrer Zutaten, frische Früchte wie Äpfel, Birnen, Mirabellen, Kirschen oder Zwetschgen, findet sie gleich um die Ecke bei den Obstbauern der Region oder auch im eigenen Garten.

Es war nicht abzusehen, dass Karin Lazarides mit einem Hobby einmal den Sprung in die Selbstständigkeit wagen würde. Und eigentlich ist ja ihr Mann daran schuld. Der Auslöser war, dass sich Gerhard Klose beruflich neu orientieren wollte. Eines Tages saß er am

Gerhard Klose brachte seine Frau Karin Lazarides auf die süße Idee mit den Marmeladen. Foto: Marmeladen-Haus

In Hunding gibt es nicht nur Marmeladen und Gelees, sondern auch jede Menge Chutneys und Fruchtsenfe. Foto: Marmeladen-Haus

Computer, seine Frau war in der Küche zugange. Da kam er auf die Idee, einen Online-Shop zu programmieren. Doch welche Produkte könnte man auf dieser Plattform anbieten? Die Gattin zeigte grinsend auf den Vorratsschrank, der bis oben gut mit selbstgemachter Marmelade gefüllt war. Einen Versuch war das wert, beschlossen die beiden, und fuhren zunächst einmal auf Märkte, um die Resonanz bei der Kundschaft zu testen. Die ersten vier Sorten kamen so gut an, dass Lazarides noch mehr Varianten in das Sortiment aufnahm. Schließlich entdeckten die beiden bei einem Passau-Besuch einen kleinen leerstehenden Laden und wagten den Schritt in den stationären Handel. Parallel dazu wurde der Online-Shop aufgebaut.

Längst gibt es viel mehr Sorten als am Anfang: klassische Fruchtaufstriche wie Erdbeere, Himbeere oder Rote Johannisbeere, saisonale Produkte wie „Goldpomi" (Passauer Pomeranze mit Apfel), das Holunder- oder Rosenblütengelee, die weiße Spargel- oder die Quittenmarmelade, exotische wie Gin Tonic, Karibiktraum, Pina Colada, aber auch Zwiebelkonfitüre, Paprikamarmelade mit Chili, Chutneys, Fruchtsenfe und zuckerfreie Fruchtaufstriche. Mehr als 60 Produkte umfasst das eigene Sortiment der Manufaktur über das Jahr verteilt.

Lazarides liebt es, mit Geschmäckern und Aromen zu experimentieren, und lässt sich immer wieder etwas Neues einfallen. Dabei setzt sie auf heimische Produkte. Erzeugnisse einer französischen Manufaktur wie Schwarze Feige, Maronenkonfitüre und Orange mit Lavendel oder Artischockenchutney komplettieren die Angebotspalette. Lazarides: „Zitrusfrüchte wachsen bei uns trotz Klimawandel halt nicht in ausreichendem Maß und daher sind die Köstlichkeiten aus Frankreich eine hervorragende Ergänzung." Die Kundschaft schätzt die Regionalität der Produkte und „dass diese nicht industriell hergestellt werden". Überrascht hat das Ehepaar die hohe Nachfrage gerade nach den Klassikern. „Viele sagen, sie selbst haben keine Zeit zum Einkochen und die Oma macht es nicht mehr." Apropos Großmutter: Lazarides denkt darüber nach, den Gelierzucker – so wie es früher war – durch normalen Zucker zu ersetzen. Mit Blick auf die Haltbarkeit und die Tatsache, dass der Trend hin zu weniger Süße geht, bedeutet das aber eine größere Herausforderung. Bestellungen gehen aus Deutschland und Österreich ein. Ein irischer Kunde lässt gar von Hunding einmal im Jahr ein Marmeladen-Packerl nach Wien versenden. Und bisweilen werden Lazarides und Klose auch mit ungewöhnlichen Angeboten konfrontiert. So fragte jemand nach, ob die Manufaktur-Betreiberin auch Dattelmarmelade kann. Die bejahte das ein wenig vorschnell und konnte dann gerade noch eine Lieferung von zehn Tonnen Datteln abwenden.

MARMELADEN-HAUS

Gewerbedorf 3
94551 Hunding
Telefon: 0 99 04/ 207 34 55
info@marmeladen-haus.de

Führungen und Verkostungen
nach telefonischer Anmeldung
www.marmeladen-haus.de

Foto: privat

JUNGER INSTRUMENTENBAUER MIT ZWEI SEITEN

Ein Osterhofener hat eine Passion
für Geigen und elektrische Bässe

Florian Hertzsch wuchs in einer musikalischen Familie auf. Er spielte E-Bass und Schlagzeug. Geigen spielten in seiner Welt keine Rolle. Bereits als Kind hat er gerne gezeichnet und gebastelt. „Mein Vater und mein Opa haben schon immer Möbel und alles Mögliche selbst gemacht und ich habe von klein auf mit Holz gearbeitet." Damit brachte der Niederbayer die perfekten Voraussetzungen mit, um Instrumente zu bauen, wie er selbst sagt – ein Weg, den er bewusst gegangen ist. Weil er sich nicht zwischen Streich- und Saiteninstrumenten entscheiden konnte, schrieb er sich im österreichischen Hallstatt an einer Fachschule ein, an der beide Richtungen gelehrt werden. Die Ausbildung dauerte zwar zwölf Monate länger als in Deutschland – vier Jahre – „aber

Um den Korpus einer guten Geige zu formen, braucht Florian Hertzsch jede Menge Gefühl. Foto: privat

damit war ich breiter aufgestellt", so Hertzsch, der damals immer noch nicht genau wusste, welche Instrumente er beruflich bauen wollte.

Denn prinzipiell war der junge Mann eher an Gitarren interessiert und damit auch am Gitarrenbau. Doch dann entdeckte er während der Ausbildung seine Liebe zur Geige und der Technik des Geigenbaus. Er war fasziniert von den Rundungen, Kurven und Wölbungen des Korpus und dem Gefühl, das man als Violinenbauer benötigt, um diesen zu formen.

Neben den Geigen ist der elektrische Bass aber auch heute noch eine große Leidenschaft. Als Hertzsch nach

Für seine Geigen verwendet er weitgehend einheimische Hölzer.
Bei E-Bässen hat der Instrumentenbauer mehr Möglichkeiten,
seine Kreativität einzubringen. Fotos: privat

dem Abi nicht zum E-Bass-Studium zugelassen wurde,
begann er daheim Elektro-Bässe herzustellen: „Irgendwann war ich mit meinem eigenen Bass nicht mehr
zufrieden und habe mir gedacht, wieso baue ich mir
nicht selbst einen. Ich habe mir Bücher gekauft, mich im
Internet schlau gemacht. Und dann nahm alles seinen
Lauf." Er baute neben der Schule in seiner Freizeit
verschiedene Instrumente – darunter E-Gitarren und
E-Bässe mit einem Kollegen. Ende 2019 entstand seine
eigene Bassmarke Ulrich BassDesign (Ulrich ist sein
zweiter Vorname). Die E-Bässe vertreibt er online.
Und so musste sich Hertzsch auch nach dem Abschluss
der Fachschule nicht entscheiden. Er macht einfach
beides: Streich- und Saiteninstrumente, Geigen und E-
Bässe. Während der Geigenbau traditionell geprägt ist
(„alle wollen am liebsten Stradivaris und große Marken
spielen"), hat der Instrumentenbauer bei den E-Bässen
mehr Möglichkeiten, seine Kreativität einzubringen, bei
der Holzauswahl, den Formen und Farben.

Nach dem Schulabschluss in Hallstatt hatte der Niederbayer im österreichischen Eisenstadt in einem barocken
Gebäude ein Geschäft und eine Werkstatt betrieben. Dort
baute er neue Geigen und restaurierte alte. Inzwischen tut
er das daheim in Osterhofen. Die Liebe zur Musik ist
immer mit im Spiel. Hertzsch: „Als Instrumentenbauer
braucht man natürlich einen Bezug zur Musik. Aber man
muss nicht unbedingt Geige spielen können, um Geigen
zu bauen. Ein Geiger kann auch keine Geigen bauen, ein
Rennfahrer keine Autos." Zum Anspielen der vollendeten
Exemplare braucht er daher Unterstützung. „Erste Hilfe"
leistet seine Freundin, die auch Geigenbauerin ist und
spielen kann. Ansonsten machen das Musiker.

Für seine Geigen verwendet der „Meister für Streich-
und Saiteninstrumentenbau" weitgehend einheimische
Hölzer aus Deutschland und Österreich. Seine großen
Vorbilder sind dann aber doch die alten Meister wie
Stradivari oder Amati. Bis aus einem Holzstück eine
Geige wird, dauert es etwa drei Monate. Um aus einem
schönen, gut abgelagerten Holz ein optimal klingendes
Streichinstrument zu fertigen, stimmt der Geigenbauer
alle Decken und Böden auf bestimmte Frequenzen ab.
Es entstehen Streichinstrumente, die sowohl für den
professionellen Musiker als auch für den passionierten
Hobbyviolinisten geeignet sind.

Florian Hertzsch hat seine
Werkstatt „Modern Violin
Atelier" genannt, weil er durchaus gerne auch mal „nicht so
ganz traditionell arbeitet". Auf
der Homepage präsentiert er
beispielsweise eine Geige mit
Reliefschnitzerei, wie sie beim
Gamben-Bau im Barock üblich
war.

**MODERN VIOLIN ATELIER
FLORIAN HERTZSCH**

*Albrechtstraße 12
94486 Osterhofen
Telefon: 01 76 / 57 70 09 40
info@geigenbau-hertzsch.com*

office@ulrich-bass.de

DER LALLINGER WINKEL

Die Obstschüssel des Bayerischen Waldes

Der Lallinger Winkel ist eine nach dem Ort Lalling benannte, etwa 200 Quadratkilometer große hügelige Region im Landkreis Deggendorf und zu einem kleineren Teil im Landkreis Passau. Das Gebiet wurde bereits in der Gründungsphase des Klosters Niederaltaich im 8. Jahrhundert erschlossen. Mönche wurden in den damals finsteren und unwirtlichen Bayerischen Wald entsandt, um das Gebiet urbar zu machen und zu besiedeln. Dabei stellten sie fest, dass sich das besondere Klima in der Region gut für den Anbau von Obst eignet. In der Mitte des 19. Jahrhunderts war der Obstanbau im Lallinger Winkel bereits weit über die Grenzen der Region bekannt. Bis heute wird das Gebiet vom Obstanbau auf Streuobstwiesen geprägt und daher auch die „Obstschüssel" oder der „Obstgarten" des Bayerischen Waldes genannt.

In Panholling in der Gemeinde Hunding befindet sich ein frei zugänglicher Streuobst-Erlebnisgarten. Dieser bietet nicht nur einen herrlichen Panorama-Blick, son-

Hier gibt es noch viele verschiedene Apfelsorten.
Foto: Tourist-Info Lalling

Die hügelige Region ist vom Obstanbau auf Streuobstwiesen geprägt. Foto: Tourist-Info Lalling

dern informiert mit Schautafeln auch über die Lokalgeschichte des Obstanbaus sowie die kulturhistorische und ökologische Bedeutung der Streuobstwiesen. Insgesamt sind gut 60 verschiedene Obstarten vertreten und beschrieben; in der „Apfel- beziehungsweise Birnenparade" lernt man über 30 altbewährte Apfel- und Birnensorten detailliert kennen.

Die Streuobstbauern kümmern sich das ganze Jahr über um ihre Bäume – vom Schnitt bis zur Ernte. Sie arbeiten eng mit den hiesigen Imkern zusammen. Im Lallinger Winkel wird seit jeher Apfelsaft erzeugt. Ein Teil des Apfelsaftes wird in Mostfässer abgefüllt und daraus Most hergestellt. Darüber hinaus werden von Likören bis hin zu Gelees und Marmeladen fast alle erdenklichen Erzeugnisse rund um Obst produziert.

Der Lallinger Winkel gehört zu den ausgezeichneten „Genuss-orten" in Bayern. Die Gasthäuser und Restaurants bieten regionale und saisonale Produkte an – im Herbst vermehrt Apfelgerichte wie den „voglwuiden Lallinger Apfelstrudel" oder Apfelkücherl in Vanillesoße. Auf Märkten offerieren die Bauern ihre Produkte direkt. Repräsentiert wird die Region durch die Deutsche Mostkönigin.

Der Lallinger Winkel ist mit seinen zahlreichen Wanderwegen, lauschigen Rastplätzen für Naturliebhaber, Wanderer, Radfahrer und Reiter ein perfektes Ziel. Tipps für Freizeitangebote und Ausflugsmöglichkeiten gibt die Tourist-Info.

◆━◆━◆

**TOURIST-INFO
LALLINGER WINKEL**

*Hauptstraße 17
94551 Lalling
Telefon: 0 99 04 / 374
info@lallingerwinkel.de*
www.lallingerwinkel.de

Foto: foto-wieland.de

„SALATFEE" TRIFFT BIER MALZAMICO

In Pilsting werden über 60 Essigspezialitäten hergestellt

Dass in der Familie Kriegl (auch) mit Essig gehandelt wurde, ist seit 1870 belegt. Von ihr gebraut wird das saure Würz- und Konservierungsmittel inzwischen seit mehr als 70 Jahren. Am 15. November 1950 hatte Ludwig Kriegl, ein gelernter Konditor und Vater von zwölf Kindern, mit seiner Frau Anna die Produktion von Gärungsessig gestartet. Seit 1976 leitet mit Peter Kriegl einer der Söhne das Familienunternehmen und hat es kontinuierlich weiterentwickelt – gerade auch, was die Produktpalette anbelangt. Heute werden in Pilsting über 60 Essigspezialitäten hergestellt – neben den Klassikern, urtypischen Basisessigen wie Branntwein-, Kräuter- oder Apfelessig, auch Biovarianten, hochwertige Gourmetessige und milde „Wellnessig" Trink-Balsame als Aperitif oder Digestif.

Kriegl zufolge sind es vor allem die alten Familienrezepturen, die sorgfältig ausgewählten Rohstoffe, die traditionelle Kellertechnik mit der Reifung in Lärchenholzfässern sowie das Wasser aus dem eigenen Artesertiefbrunnen, die den urtypischen Geschmack prägen. Ein Teil der Essige wird auch heute noch nach einem bewährten Verfahren in einem sogenannten Essigbildner hergestellt. Dabei handelt es sich um einen Bottich, in dem die alkoholische Flüssigkeit als Ausgangsstoff pausenlos über Buchenholzrollspäne rieselt. An diesen Spänen bilden sich Essigbakterien, die den Alkohol in Essigsäure umwandeln. Der

Neben den Klassikern wie Branntweinessig produziert Kriegl Biovarianten und hochwertige Gourmetessige. Foto: foto-wieland.de

Einen Teil seiner Essige stellt Peter Kriegl auch heute noch nach einem bewährten Verfahren in einem Essigbildner her. Dabei spielen Buchenholzrollspäne eine wichtige Rolle. Foto: foto-wieland.de

Gärungsprozess dauert vier bis fünf Tage, dann ist eine Charge Rohessig – etwa 3200 Liter sogenannter „Bildner"-Branntweinessig – zur Weiterverarbeitung fertig. Ab 1962 kamen drei submerse Gäranlagen hinzu, in denen keine Späne mehr benötigt werden. Bei diesem Verfahren sind die Bakterien in der Flüssigkeit ständig eingetaucht. Eine Turbine saugt Luft an und versorgt die Essigbakterien mit Sauerstoff.

Im Laufe der Jahre hat sich das Einsatzgebiet der Essige verändert. „Früher waren wir sehr konservenlastig", sagt Kriegl. Das Unternehmen lieferte vor allem Branntweinessig für die niederbayerischen Gurkenkonserven. Zuletzt hat sich Kriegl immer stärker in Nischen bewegt. Er zählt unter anderem auch Hersteller von Kosmetika und Bioreinigungsmitteln zu seinen Kunden, die Himbeer- und Apfelessig einsetzen. Das Gros der Essige geht heute aber an den Lebensmitteleinzelhandel im südostbayerischen Raum, der die Produkte zum Teil in eigenen Regionaltheken anbietet.

Rund drei Millionen Liter Essig verlassen jährlich die Essigbrauerei in Pilsting. Einer der Verkaufsrenner ist die „Salatfee", ein Fertigdressing mit natürlichen Kräutern und Gewürzen, das es auch in Bioqualität gibt. Apropos Bio: Produkte mit den drei Buchstaben werden immer wichtiger und machen bereits 40 Prozent des Umsatzes aus. Die Rohstoffe dafür kommen aus der Ökolandwirtschaft. Kriegl: „Wir waren 1992 sogar der erste Bio-Essighersteller." Das Erstaunliche: Privatkunden greifen nach wie vor gerne zu den Fünf-oder Zehn-Liter-Kunststoffkanistern, die Kriegl seit den 1970er-Jahren anbietet. Diese sind im Handel bepfandet und ersetzten die Glasballons und Tonkrüge aus früheren Zeiten. Die Aufbereitung der Spezialitäten erfordert von den Beschäftigten handwerkliches Geschick. Die Abfüllung in Glasflaschen erfolgt manuell.

Die Liste der Spezialitäten wird indes immer länger: Dazu gehören unter anderem der Balsamico Himbeere mit Honig, „ein Highlight nach dem Essen", oder der Bier Malzamico, eine nach Balsamico-Art gewonnene würzig-malzige Bieressigvariante. Den Fruchtessigen werden keine Farbstoffe und keine künstlichen Aromen zugesetzt, sie bestehen laut Kriegl rein aus Fruchtkonzentrat. Der Niederbayer empfindet immer noch eine tiefe Freude und Zufriedenheit, wenn Kunden zum Verkosten kommen und von dem Geschmack und der Qualität seiner Produkte angetan sind. Die Kundschaft stammt im Übrigen nicht nur aus dem deutschsprachigen Raum. So exportiert Kriegl beispielsweise seinen Bio-Essig schon seit Jahrzehnten nach Japan.

KRIEGL-ESSIG GMBH & CO. KG

Marktplatz 24
94431 Pilsting
Telefon: 0 99 53 / 93 13-0
info@kriegl.com
www.kriegl.com

Foto: Messermacher

FÜR DEN NEUANFANG BRAUCHTE ER VIEL SCHNEID

*Der Weg vom Werkleiter einer Konservenfabrik
in den eigenen „Werkstoi"*

Eigentlich war alles klar, meinte er zumindest. Michael Fischer wollte eines Tages das Familienunternehmen – die vom Großvater gegründete Konservenfabrik für Saures – übernehmen. Doch sein Vater riet ihm, vorher etwas anderes „außerhalb" zu lernen. Weil er sich für Technik, Autos und Motorräder interessierte, machte der Niederbayer eine Ausbildung zum Kfz-Mechaniker, ging zur Bundeswehr. Daheim in der Firma bildete er sich zum Bürokaufmann weiter. Diese Richtung gefiel ihm allerdings nicht so gut und er orientierte sich wieder in Richtung Technik. Als technischer Betriebswirt übernahm er mit Mitte 20 die technische Leitung des Familienbetriebs. Als der Vater seinen Rückzug ankündigte, war dem Sohn klar geworden, dass er nicht sein Nachfolger als Geschäftsführer werden möchte. Die Firma wurde verkauft und Michael Fischer übernahm die Funktion des Werkleiters, war verantwortlich für rund 200 Beschäftigte. 14 Jahre war er insgesamt in dem Unternehmen tätig, bis er „nach einem langen und intensiven inneren Prozess des Loslassens" kündigte und sich selbstständig machte.

Denn da gab es eine große Leidenschaft: Schon als kleiner Bub hatten es dem „Miche" Messer angetan – vor allem

Michael Fischer machte „eines der schönsten und ursprünglichsten Handwerke" zu seinem Beruf. Foto: Messermacher

Miniaturen aus aller Welt, die er immer wieder von seinem Vater geschenkt bekam, eifrig sammelte und fleißig putzte. Im Italien-Urlaub mit der Familie kaufte er sich sein erstes eigenes Messer. Und irgendwann begann er sogar, Messer selbst herzustellen. Dabei hatte er den Anspruch an sich, nicht irgendein Produkt nachzumachen, sondern seine eigene Handschrift zu finden. In das erste Messer, mit dem er zufrieden war, hat er die „No 1" graviert. Das Holz stammt von einem Zwetschgenbaum aus dem eigenen Garten.

Michael Fischer sondierte den Markt zwischen Norddeutschland und Österreich, meldete sich zu allen möglichen Kursen an. Schließlich machte er „eines der schönsten und ursprünglichsten Handwerke" zu seinem Beruf und wurde Messermacher. Irgendwie fügte sich eins ins andere. Der Niederbayer kaufte außerhalb von Simbach einen Bauernhof, ein „Sacherl". Das hatte einen Kuhstall, den er in eine feine Werkstatt mit Holzboden und Fußbodenheizung umbaute. Bei ihm heißt sie dementsprechend „Werkstoi". Und sie ist so strukturiert und aufgeräumt wie er selbst. Sein kluges Konzept: Kurse als Ergänzung zur handwerklichen Tätigkeit. In Simbach kann man lernen, wie man sein persönliches

Beim Messermacher gibt es Messer in allen Variationen: Küchenmesser, Bergmesser, Hoizmessa, Gentleman-Messer ... Foto: Messermacher

Messer macht. Und was ein gutes Messer ausmacht. Außerdem kann man in einem Schärfseminar ausprobieren, auf welchem Weg man am besten zu einer scharfen Klinge kommt – mit einem japanischen Wasserstein, einem Diamantwerkzeug oder einer Schleifmaschine. Und bei „Miche" ein Messer kaufen.

Für seine hochwertigen Produkte gibt Michael Fischer eine lebenslange Garantie. Er vertreibt und vermarktet sie selbst auf der Homepage. Zufriedene Kunden empfehlen ihn weiter und so reisen Kursteilnehmer inzwischen schon mal mehrere

**MESSERMACHER
MICHAEL FISCHER**

*Hollmannsöd 1
94436 Simbach
Telefon: 01 70/6 68 89 91
servus@messermacher.de*

www.messermacher.de

hundert Kilometer an. Bei ihm kann man ein Erbstück restaurieren lassen, einem Messer eine persönliche Note verleihen, ein Lieblingsmesser reparieren lassen, ein exklusives Geschenk anfertigen lassen, eigenes Holz für einen Griff verwenden. Zu ihm kommen Menschen, die sich lieber weniger, aber dafür gute Dinge leisten, sagt er. Seine Küchenmesser-Sets sind besonders gefragt; außerdem Jagd- und Trachtenmesser oder Mini-Messer, mit denen man Äpfel aufschneiden, Schrauben lösen oder eine Bierflasche öffnen kann – und vieles mehr. Doch das Sortiment umfasst auch Bergmesser, Drudenmesser, Champagnersäbel, Gentleman-Messer, Hoizmessa ... Die Ideen gehen ihm nicht aus. Derzeit arbeitet er an einem „bayerischen Wanderwerkzeug".

Der Simbacher ist froh, diesen Weg gegangen zu sein. Als Vater von fünf Kindern kann er sich seine Arbeitszeit relativ frei einteilen. Das bedeutet ein großes Stück Lebensqualität: „Ich kann die Kinder von der Schule abholen und dafür am Samstag mal in die Werkstatt gehen."

Foto: privat

FESCHE WADLWÄRMER UND SPEZIELLE SOCKEN

*Die Oma vermittelte ihrer Enkelin ihre Liebe
zu Handarbeit und toller Wolle*

In der Schule mochte sie Handarbeit überhaupt nicht, heute kann sie sich ein Leben ohne kaum noch vorstellen. Simone Löster strickt und strickt und strickt – und hat ihr Hobby längst zum Beruf gemacht. Ihre Strick- und Strumpfmanufaktur befindet sich „auf dem Land" in einem Einfamilienhaus. Wer sich von der Niederbayerin ein handgefertigtes Teil wünscht, der nimmt bei ihr auf der Terrasse oder im Esszimmer Platz, kann sich Modelle anschauen, im Musterbuch blättern, die Farben aussuchen …

Das Stricken und Sticken hatte ihr die Oma früher einmal beigebracht. Nach der Geburt ihrer Zwillinge erinnerte sie sich daran und begann abends zu stricken. Wieder war es die Großmutter, die ihr beibrachte, wie man die Sockenferse macht. Danach wollte sie eigentlich nie mehr Socken fabrizieren: „viel zu kompliziert". Ein Trugschluss. Sie entdeckte tolle Wolle und strickte ein Paar nach dem anderen. „Es war wie eine Sucht", sagt sie. Die ganze Familie wurde ausgestattet und sie perfektionierte ihre Kenntnisse, lernte, wie man besondere Bündchen macht, vertiefte sich in Handarbeits-Zeitschriften und Bücher. Dann kam der erste Hype: eine Fußball-EM. Da strickte sie

Hiasl, Xaver oder Theo: Ihre Loferl-Modelle tragen alle Männernamen. Foto: privat

Socken und Söckchen in den Deutschland-Farben: „Die gingen weg wie die warmen Semmeln" und sie entschloss sich, ein Gewerbe anzumelden.

Pullis, Mützen, Schals, Ponchos kamen dazu – Simone Löster hatte in der kalten Jahreszeit „unendlich viel zu

Simone Lösters Strick-Passion ist zu einem Business geworden. Handgemachtes kommt gerade im Trachtenbereich gut an. Foto: privat

tun". Die Oma unterstützte sie und brachte Päckchen zur Post. Zehn Jahre lang ging das so. Nach dem Tod der Großmutter legte sie eine Pause ein – bis sie mit dem Thema Tracht konfrontiert wurde. Eine benachbarte Trachtenmode-Designerin bat sie um handgemachte Kniestrümpfe für ein Fotoshooting. Genau die waren der Start für die Wiederaufnahme ihres Gewerbes – und der Beginn einer Karriere als Expertin für handgemachte Beinbedeckungen. Dazu zählen Kniestrümpfe und „Loferl", Wadenwärmer, die an den Unterschenkeln getragen werden. Den Prototyp – das Modell „Hiasl" – widmete sie ihrem Mann Matthias.

Simone beschäftigte sich intensiv mit Stickschriften, postete ihre Ergebnisse auf sozialen Netzwerken und stellte sie auf die Homepage. Das war Anfang 2019 und es folgte wieder einmal ein „regelrechter Boom". Zum Hiasl stießen unter anderen noch Xaver und Theo hinzu, denn bei Simone haben alle Modelle bayerische Namen. Immer mehr Kunden hatten immer mehr spezielle Wünsche wie ein filigranes Fischgrätmuster oder nachgestrickte Lieblingssocken. Ihre Muster entwirft die Manufaktur-Inhaberin selbst. Weil die Nachfrage wuchs und auch exklusive Trachtengeschäfte ihre Kreationen entdeckten, konnte sie die Auftragsflut alleine nicht mehr bewältigen und suchte sich Strickerinnen, die in Heimarbeit für sie tätig sind.

Simone legt großen Wert auf Regionalität und Nachhaltigkeit und gibt, so die Qualität stimmt, heimischer Wolle immer den Vorzug, „aber auch nur, wenn die Tiere artgerecht gehalten werden". Sie verwendet keine Plastikverpackungen beim Versand, legt Wert darauf, dass das ihre Lieferanten genau so handhaben und dass die Wolle nach Oeko-Tex-Standard auf Schadstoffe geprüft ist.

Diesen Anspruch scheint vor allem die Kundschaft aus der Landeshauptstadt zu schätzen. Etwa 90 bis 95 Prozent der Aufträge kommen von Privatleuten aus München und der Umgebung. Die passionierte Strickerin: „Handgemachtes und Individuelles kommt dort gerade im Trachtenbereich phänomenal gut an." Ob handbestickte Wadlwärmer mit Kreuzstichen in kracherten Farben oder Socken nach dem Modell von 20 Jahre alten durchlöcherten Strümpfen – Simone macht das, was die Kunden wollen, und sie macht es leidenschaftlich gern.

SIMONE STRICKT
Eichendorfer Str. 25
94428 Eichendorf, OT Aufhausen
Telefon: 0 99 56 / 90 59 25
simone-strickt@t-online.de
www.simone-strickt.de

Ihr Ehemann und die vier Kinder finden das toll und stehen voll und ganz hinter der Strickpassion der Mama. „Die wissen, dass das viel mehr bedeutet als nur Handarbeit. ‚Simone strickt' ist ein Business geworden – mit Zahlen und Geschäftsreisen beispielsweise zu Präsentationen."

Foto: Yvonne Obermüller

„G'SCHEIDE" UNIKATE GIBT ES NUR VOR ORT

Warum Online-Shopping für Maria Freund keine Option ist

Maria Freund ist sehr zufrieden – und das gleich aus mehreren Gründen: Weil Qualität wieder zählt, weil Regionalität wieder großgeschrieben wird und weil dies bedeutet, dass ihre Produkte auch in wirtschaftlich schwierigeren Zeiten gefragt sind. Die Niederbayerin hat sich 1996 in Grafenau selbstständig gemacht und mit großer Leidenschaft auf die Herstellung traditioneller bayerischer Trachtenlederhosen spezialisiert. Schon in jungen Jahren, während der Ausbildung zur Damenschneiderin in einem lederverarbeitenden Betrieb, hatte sie das Naturmaterial von der ersten Minute an begeistert. Und Begeisterung ist die beste Voraussetzung für Erfolg: Für ihren herausragenden Meisterabschluss bekam sie vom damaligen Ministerpräsidenten Edmund Stoiber eine Ehrenurkunde und die Goldene Verdienstmedaille überreicht.

Schon bei der Gründung ihrer Trachten & Lederhosen Manufaktur war Maria Freund klar, dass sie sich von der industriell gefertigten Lederhose distanzieren wollte. Sie setzte auf Handarbeit, eine fundierte Kundenberatung, individuelle Sonderanfertigungen und betreibt daher bis heute auch keinen Online-Shop. „Unsere Kunden kommen gerne zu uns nach Grafenau. Hier können sie sich die unterschiedlichen Modellvarianten anschauen und das Material auswählen, aus

Maria Freund setzt auf Handarbeit, eine fundierte Kundenberatung und individuelle Sonderanfertigungen.
Foto: Yvonne Obermüller

dem ihre Lederhose sein soll. Sie können es anfassen und fühlen. Das geht im Internet nun einmal nicht." Für ihre Lederhosen kommt nur feinstes und ökologisch zertifiziertes Leder in Frage, sagt sie. Vor Ort kann die Kundschaft die Farben im Original sehen und sich die gewünschten Stickereien aussuchen. Damit die Lederhose perfekt sitzt, wird genau Maß genommen. Dieses Konzept funktioniert passgenau und die Unternehmerin konnte in der Region 25 Arbeitsplätze schaffen.

Um eine „g'scheide Lederhose" herzustellen, sind zahlreiche Einzelschritte nötig, von denen noch viele manuell erledigt werden. Die einzelnen Lederteile werden zugeschnitten und individuell bestickt. Der Latz wird mit Hirschleder unterfüttert, in Form geschnitten. Entlang der Ziernaht werden Punkte eingenäht und damit die Nähte später nicht an der Haut kratzen, werden sie auf der Innenseite mit einem hellen, weichen Leder beklebt. Nach dem Nähen der Knopflöcher werden alle Teile zusammengenäht. Die Inhaberin der Manufaktur weiß, was ihre Mitarbeiterinnen leisten: „Auch wenn das Leder butterweich ist, für die Näherin sind die vielen teils sperrigen Teile nicht einfach zu

Bei den Privatkunden beliebt und im Trend: die kurze Lederhose;
Foto: Roswitha Prasser

handhaben und erfordern Fingerspitzengefühl, Konzentration und kräftiges Zupacken."

Lederhosen gibt es lang und kurz oder als Knie-Bundhosen. Letztere – in Niederbayern meist schwarz und mit wenig Stickerei – werden hauptsächlich von den Vereinen geordert. Bei den Privatkunden beliebt und im Trend ist jedoch die kurze Lederhose. Wer sich in der Trachten & Lederhosen Manufaktur eine „Krachlederne" kauft, erwirbt ein handgefertigtes Unikat und kann aus einem riesigen Repertoire an möglichen Individualisierungen auswählen – von persönlichen Texten oder Motiven bis hin zu Monogrammen. Neben dem Verkauf in der eigenen Manufaktur liefert Maria Freund ihre Lederhosen auch an Fachhändler in Deutschland und Österreich.

**FREUND TRACHTEN &
LEDERHOSEN MANUFAKTUR**

*Elsenthaler Str. 27
94481 Grafenau
Telefon: 0 85 52/9 19 18
info@trachten-freund.de*
www.trachten-freund.de

Zu den nach Maß gefertigten Lederhosen – sowie auch Westen und Jacken – bietet Freund in ihrem Trachtengeschäft für Damen, Herren und Kinder ein umfangreiches Sortiment bekannter Trachtenmarken an. Durch den persönlichen Kontakt kennt sie die Wünsche ihrer Kunden und lässt diese gerne bei der Auswahl der neuen Trachtenkollektionen einfließen. Die Interessenten – dazu gehören auch viele Urlaubsgäste aus dem Bayerischen Wald – kommen meist auf Empfehlung zu ihr. Besonders glücklich ist sie darüber, dass sich auch jüngere Leute bewusst Qualität leisten – nach dem Motto „Eine g'scheide Lederhose begleitet dich ein Leben lang wie ein guter Freund." Für etwaige (Not-)Fälle gibt es in der Manufaktur aber auch einen Reparatur- und Reinigungsservice.

Foto: Frank Klein

„WAIDLER-PFANNEN" SIND HEISS BEGEHRT

In Waldkirchen hat sich ein Traditionsunternehmen neu erfunden

Wenn sich die Zeiten ändern, muss man sich auch ändern. Nach diesem Motto hat sich ein Familienunternehmen neu erfunden, nachdem es mit seinen Produkten durch die Wettbewerbsveränderungen im Zuge der Grenzöffnung gehörig unter Druck stand. Die Kindermanns hatten in ihrer Schmiede bislang vor allem land- und forstwirtschaftliche Werkzeuge und Kunstschmiedeerzeugnisse produziert und vertrieben. Dann hatte Schmiedemeister und Geschäftsführer Josef Kindermann die Idee mit den Pfannen. Zuvor hatte er lange Zeit nach einer Bratpfanne gesucht, die aus einem Stück geschmiedet ist, und wurde einfach nicht fündig. Schließlich beschloss er, sich selbst eine zu machen. Er nahm das fertige Teil zu seinem Stammtisch mit und wurde im Teflon-Zeitalter dafür eher belächelt – bis seine Stammtischbrüder beziehungsweise ihre Frauen die Pfannen zu Hause testeten. Die Qualität und die Vorzüge der schmiedeeisernen Pfannen sprachen sich schnell herum und immer mehr Aufträge gingen ein. Die Marktlücke war gefunden und aus der Hammerschmiede Kindermann wurde quasi eine Pfannenschmiede.

Ein Besuch bei den Kindermanns in Waldkirchen hat etwas Archaisches. Das Feuer, das Schlagen des Lufthammers, das Klopfen der Werkzeuge, die Hitze, der Lärm sind Teil einer bereits seit 1686

Jede Pfanne ist ein Unikat. Foto: Frank Klein

Das Feuer, das Schlagen des Lufthammers, die Hitze und der Lärm sind Teil einer seit 1686 fortgeschriebenen Familienhistorie.

Foto: Frank Klein

währenden Familientradition. In jenem Jahr wurde erstmals eine „Schmiede Unterer Hammer" urkundlich erwähnt. Die meisten Maschinen stammen noch aus den Anfängen des 20. Jahrhunderts. Josef Kindermann und sein ältester Sohn Stefan, Schmied und Maschinenbau-Ingenieur, führen den Betrieb gemeinsam. Die Pfannen werden aus einem Stück freiform-warmgeschmiedet, so der Fachbegriff. Das bedeutet, dass der Stiel nicht angeschweißt oder angenietet ist. Die sogenannten „Waidler-Pfannen" sind inzwischen weit über die Region hinaus heiß begehrt und ihre Vorzüge werden auch von Kochprofis gelobt: So ist für das gleiche Bratergebnis wie bei einer herkömmlichen Teflon-Industriepfanne weniger Hitze erforderlich. Bei guter Pflege (am besten mit Olivenöl) halten die Pfannen ein Leben lang.

Jede Pfanne ist ein Unikat. Und wie der Junior-Chef sagt, „so etwas wie ein Fingerabdruck des Schmieds". Es gibt sie in zwei Größen und weil die Kindermanns wegen der vielen und aufwendigen Arbeitsschritte wöchentlich nur etwa 40 Stück herstellen können, sind sie im Online-Shop stets in null Komma nix ausverkauft. Stefan Kindermann stellt jeweils am ersten des Monats das erwartete Herstellungsvolumen ins Internet und schaltet das Bestellformular frei. Meist sind die Pfannen binnen weniger Minuten „vergeben" und weitere Interessenten müssen zum Teil mit monatelangen Wartezeiten rechnen.

Nach Voranmeldung kann man auch live dabei sein und zusehen, wie die eigene Pfanne geschmiedet wird. Und das geht so: Der Schmiedeofen wird auf 2000 Grad Celsius von Hand eingeheizt, dann wird das vordere Viertel eines 35 Zentimeter langen Eisenrohlings auf 1200 Grad erhitzt und der Pfannenstiel geschmiedet. Das ist ganz schön anstrengend und erfordert höchste Konzentration, denn ein einziger Schlag des Lufthammers kann schon zu viel sein. Der Griff wird in Form gepresst und Unebenheiten werden von Hand nachgearbeitet. Anschließend bringt das Feuer das Eisenstück wieder zum Glühen. Der Korpus wird geschmiedet und es gilt, die Wucht des 125 Kilo schweren Hammers zu parieren. Mit Hilfe einer 100-Tonnen-Presse bekommt die Pfanne dann ihre endgültige Form.

HAMMERSCHMIEDE KINDERMANN

Hammerweg 2
94065 Waldkirchen
info@hammerschmiede-kindermann.de
www.hammerschmiede-kindermann.de

Mit der Spezialität „Pfannen aus einem Stück" haben die Kindermanns eigenen Angaben zufolge bayernweit heute ein Alleinstellungsmerkmal. Die Neuausrichtung eines alten Handwerks fasziniert auch immer wieder TV-Sender, die mit zur Popularität der Waldkirchener Produkte beigetragen haben. Auffällig ist aber auch, dass gerade jüngere Leute wieder auf langlebige Produkte – am liebsten aus der Region – setzen und sich „um mehr Natürlichkeit und Nachhaltigkeit" bemühen, freut sich Stefan Kindermann.

Foto: privat

HANDGEROLLTE ZIGARREN AUS DEM BAYERWALD

Toccata Torpedos, Silberstücke und Virginias:
Mit einer Männerfreundschaft fing alles an

Bei „Was bin ich?" früher oder „Kaum zu glauben" heute hätte Cornelia Stix in jedem Fall ihr „Sparschweinchen" voll bekommen. Dass sie Geschäftsführerin einer Zigarrenmanufaktur im Bayerischen Wald ist, würde kein TV-Rateteam vermuten. Fakt ist: Die Niederbayerin, die eigentlich Lehrerin ist, hat keine Sekunde bereut, dass sie diese Aufgabe von ihrem Papa übernommen hat. Denn sie war – soweit sie sich erinnern kann – „immer schon in der Materie drin", hat als Älteste von drei Schwestern im Betrieb mitgeholfen, beispielsweise auch, wenn es um Themen rund um Computer und Internet ging.

Als ihr Vater mit 65 Jahren überraschend verstarb, war ihr klar, dass sie den traditionsreichen Betrieb auf gar keinen Fall schließen wird, und ist ins kalte Wasser gesprungen. Und es gab noch einiges zu lernen – insbesondere alles, was mit Fragen rund um den Zoll zu tun hat. „Mittlerweile kann ich das", kokettiert sie schmunzelnd. Und sie liebt es.

Die Manufaktur Wolf & Ruhland ist für sie der perfekte Ausgleich zum Lehrerberuf und ein „echtes Vergnügen": „Ich muss nicht durch den Wald joggen. Ich geh zu den Zigarren", sagt Cornelia Stix.

Geschäftsführerin Cornelia Stix ist nach und nach zur Zigarren-Expertin avanciert. Foto: privat

Dass mitten im Bayerischen Wald Zigarren gerollt werden, geht auf eine Freundschaft zurück: die des Zigarrenfabrikanten Hermann Wolf mit Karl Hilz, dem Opa von Stix. Der Mannheimer Kaufmann Hermann Wolf hatte 1909 mit seiner Schwägerin Käthe Ruhland in München die Zigarrenfabrik

Zigarren made in Perlesreut: hochwertige Produkte aus edlen Tabaken Foto: privat

Zigarren aus Tabakblättern zu rollen, ist eine Kunst für sich. Foto: privat

„Wolf & Ruhland" gegründet. In Perlesreut baute er 1912 ein zweites Werk auf. Karl Hilz wurde Geschäftsführer. Der Betrieb war alles andere als klein. Vor dem Zweiten Weltkrieg waren 170 – vorwiegend weibliche – Beschäftigte in der Zigarrenfabrik tätig. Damit diese Kindererziehung und Beruf besser miteinander vereinbaren konnten, richteten die Inhaber einen Kindergarten ein, unterhielten eine Suppenküche und stellten sogar beheizte Bäder mit warmem Wasser zur Verfügung. Die Produkte wie die „Perlesreuter Stümpli" oder die „Schweizer Stumpen" waren in ganz Deutschland begehrt.

Nicht zuletzt auch durch den Siegeszug der Zigarette brach die Nachfrage nach dem Krieg ein. Karl Hilz übernahm die Firma und es gelang ihm, diese zu erhalten, allerdings mit weniger Arbeitsplätzen. Sein Sohn Hermann Hilz, der Vater von Cornelia Stix, folgte ihm nach und stellte aus edelsten Tabaken hochwertige Zigarren her. Er setzte auf einen Nischen- anstatt einen Massenmarkt. Heute hat Wolf & Ruhland zehn Mitarbeiterinnen: im Büro, der Verpackung, im Versand, Rollerinnen und Wicklerinnen. Auch die Chefin sitzt immer wieder gerne selbst am Rollbrett und wird von ihrer Mutter, Ehemann Wolfgang und den zwei erwachsenen Kindern unterstützt.

Inzwischen erlebt die Zigarre als Genussmittel eine Renaissance. Wolf & Ruhland liefert Zigarren, Zigarillos, Virginias oder Toccata Torpedos der Marken „Edelweiss" und „W&R" vorwiegend an Privatpersonen, Großhändler und Tabakfachgeschäfte im deutschsprachigen Raum. Zigarren aus Perlesreut gingen aber auch schon an eine Missionarsstation in Papua-Neuginea. Einen typischen Aficionado gibt es nicht, sagt Cornelia Stix. Eine gute Zigarre wüssten Frauen, Männer, Jüngere und Ältere zu schätzen.

WOLF & RUHLAND –
CIGARRENFABRIK

Marktplatz 15
94157 Perlesreut
Telefon: 0 85 55 / 94 10 86
mail@wolf-und-ruhland.de
www.wolf-und-ruhland.de

Die Zigarrenexpertin kauft nur die besten Tabake aus Übersee (Sumatra, Java, Virginia in den USA) und steht in engstem Kontakt zu den Rohtabakhändlern vor Ort. Je nach Feedback ordert sie Muster der entsprechenden Kategorien, die in Niederbayern gesichtet, angezündet und verköstigt werden. Dabei wird unter anderem auch das Brandverhalten getestet. Stix: „Wenn alles unseren hohen Anforderungen entspricht, schicken wir die Bestellungen raus." Eine Qualitätszigarre bestehe nur aus edlem Tabak, einem natürlichen Leim und Wasser als Hilfsmittel. Brandverstärker, künstliche Aromastoffe und chemische Geschmacksverstärker seien tabu. Die Chefin raucht natürlich selbst. „Ich muss ja." Schon mit zwölf hat sie die erste Zigarre probiert – im Gartenhäusl.

Foto: Lutzenburger

SPEZIALITÄTEN RUND UM HOPFEN UND BIER

Am Anfang war ein „wunderbares Wasser"

W as steckt in Spirituosen- und Schoko-Speziali-
täten made in der Hallertau? Diese Frage ist
nicht schwer zu beantworten: natürlich
Hopfen und Bier. Das „grüne Gold" verleiht den Produkten der Liqueur und Genussmanufaktur Lutzenburger
ihre besondere Note. In Mainburg kann man auf eine
lange Firmenhistorie zurückschauen. Johann Lutzenburger setzte bereits 1789 den Grundstein für das Familienunternehmen. Schon damals lag der Schwerpunkt der
Geschäftstätigkeit in der Herstellung und dem Handel
mit Spirituosen sowie alkoholfreien Getränken. Der
umtriebige Gründer-Geist wollte nicht nur Bier aus
Hopfen brauen, sondern eine
Spirituose kreieren. Mit Alkohol
und dem damals eher seltenen
Zucker stellte er ein „wunderbares
Wasser" her – das Hallertauer
Hopfengold, dem viele positive
Eigenschaften nachgesagt wurden.
Weitere Liköre und Brände kamen
hinzu; außerdem Essig. 1865
bekam Lutzenburger die „Conces-
sion zum Brauen von Weizen-
und weissem Gerstenbier". Er
ergänzte seine Geschäftstätigkeit
um eine Wachszieherei sowie eine
Konditorei mit Café und den
Handel mit Zuckerwaren.
Johann Lutzenburger war ein
Mann mit großer Disziplin und
einem überdurchschnittlichen
Durchhaltevermögen. Das bewies
er auch mit einer mutigen
Unternehmung: 1899 machte er
sich mit einem Hochrad auf den
Weg nach Paris – eine unge-

*Hopfen in fester und flüssiger Form:
Mit dem Hallertauer Hopfengold fing
alles an.* Foto: Lutzenburger

In der Confiserie werden Hopfendolden-Pralinen mit verschiedenen Trüffelfüllungen hergestellt. Foto: Lutzenburger

wöhnliche Reise mit einem ungewöhnlichen Gefährt, die sein Urenkel Ralf 100 Jahre später – ebenfalls mit dem Hochrad – wiederholte. Das Interesse für Neues und die Fähigkeit sich selbst herauszufordern, scheint in den Familien- und Firmengenen festgeschrieben zu sein. Während Ralf Lutzenburger in der Finanzwelt Karriere machte, führt sein Bruder Hans-Peter heute gemeinsam mit Mutter Ilse die niederbayerische Manufaktur. Die Hochrad-Abenteuer des Urgroßvaters und Bruders inspirierten ihn zu einem neuen Produkt, den Hopfen-vodka „Hochrad 1899", quasi als eine „Hommage" an die beiden hochradelnden Familienmitglieder. Lutzen-burger schwärmt: „Der Hopfenvodka eignet sich hervorragend zum Experimentieren. Er passt zum Trend der Craft-Biere. Wer die herben, hopfigen Bitternoten dieser Biere kennt und schätzt, wird begeistert sein. Gleiches gilt für Genießer und Liebhaber von Bitterspiri-tuosen."

Ein wohlgehütetes Familiengeheimnis ist indes die Rezeptur des „Hallertauer Hopfengoldes" – ein 56pro-zentiger Hopfen-Kräuter-Likör. „Hopfen 28" ist sein kleiner Bruder und deutlich schwächer, „Luzetto" ein bayerischer Edelbitter aus mehr als 40 Kräutern, ergänzt durch Hopfen der Sorte „Perle" mit einer Orangen-Pomeranzen-Note.

Das Unternehmen verfügt aber auch über eine besondere süße Expertise. Über der Likörproduktion befindet sich im ersten Stock eine Schokoladenmanufaktur. In der Confiserie werden Hopfen- und Bierschokolade (mit Premium Pils oder Bockbier), Bierpralinen sowie Hopfendolden aus Schokolade mit verschiedenen Trüffelfüllungen wie Hopfenkräutertrüffel – weiße Schokolade ummantelt von Edel-Zartbitter und einer Essenz aus Hopfen – oder Hopfenmarzipan – mit Hopfenlikör beschwipster Marzipankern umhüllt von zarter Vollmilchschoko – von Hand gefertigt. Neuerdings gibt es auch „Hallertauer Bio Früchtchen", Fruchtgummi in Hopfendolden- bzw. Hopfenblatt-Form.

Ilse Lutzenburger zufolge versteht man sich aber über die eigenen Produkte hinaus als Spezialist für alle Hopfenprodukte aus der Region und bietet diese in den Gewölben des Stammhauses an. „Wir wollen eine Visitenkarte der Hallertau mit ihren Erzeugnissen darstellen", sagt die Chefin. Die Palette reicht vom Apotheker-Hopfen-Bad über Original Hopfensenf bis zu Deko-Accessoires. Die Lutzenburger-Kunden sind Privatleute, die etwas Besonderes suchen, Firmen, Urlauber, Besucher der Thermalbäder von Bad Gögging und Bad Abbach. Darüber hinaus gibt es einen Online-Shop. Auch Hopfenhändler verkaufen die Produkte der Manufaktur. Laut Hans-Peter Lutzenburger gab es sogar schon Anfragen aus Brasilien.

LUTZENBURGER GMBH
Scharfstraße 1
84048 Mainburg
Telefon: 0 87 51 / 10 27
info@lutzenburger.de
www.lutzenburger.de

Foto: privat

VOM HOBBYBRAUER ZUM BRAUEREI-CHEF

◆◆◆

*In Langquaid knüpft ein Maschinenbauer an eine alte
Tradition an und schafft Neues*

Während des Maschinenbau-Studiums in Regensburg hat Armin Pillmeier die Bierbrau-Leidenschaft gepackt. Und das kam so: In den Semesterferien jobbte er bei einem Hopfenveredeler in der Hallertau. In dessen Auftrag fuhr er während der Hopfenernte zu den Bauern, um Proben einzusammeln. Er war beeindruckt vom Stolz der Hopfenbauern auf ihre Produkte und ließ sich von der Freude an allem, was mit Hopfen und Bier zu tun hat, infizieren. Der Student beschloss, sich selbst an das Bierbrauen heranzuwagen. Irgendwann wurde ihm bewusst, dass er sich immer öfter in Braumagazine vertiefte. Die Richtung war klar. Er fuhr nach Nürnberg auf die weltgrößte Branchenmesse BrauBeviale, um Möglichkeiten auszuloten, als Maschinenbauer im Braubereich zu arbeiten. Es funktionierte prompt. Pillmeier wurde Teammitglied in einer Beraterfirma: Für diese plant und optimiert er Brauanlagen.

In seiner Heimatgemeinde Langquaid – im Herzen des Laabertals – gab es einmal sechs Brauereien, die alle irgendwann einmal aufgegeben haben. Die letzte 1965. Nach vielen erfolgreichen Hobbybrau-Versuchen hatten Armin Pillmeier und seine Frau Karin einen Traum: Sie wollten diese Tradition wiederbeleben und die Langquaider Bierkultur zu neuem Leben erwecken. 2018 setzten sie diesen Traum in die Realität um und wandelten den alten Kuhstall einer ehemali-

Armin Pillmeier und seine Frau Karin haben sich einen Traum erfüllt und können jetzt ihr eigenes Bier genießen. Foto: privat

gen Landwirtschaft in ein Sudhaus samt Gär- und Lagerkeller und Ausschank um. „Hätte mir einer prophezeit, dass ich mal eine kleine Brauerei aufmache, hätte ich ihn für verrückt erklärt", sagt Pillmeier.

Mit seinem Wissen aus dem Beruf baute er die kleine Brauerei ganz alleine auf und setzt auf handwerklich gebraute unfiltrierte und unbehandelte Biere. Die bietet er in Holzkisten mit zwölf Flaschen, die von Hand bestückt werden, und als Sixpack an.

Die Arbeitszeit teilt sich Pillmeier zwischen der Beraterfirma und der Brauerei auf. Seit der Corona-Pandemie haben die Langquaider den Vertrieb komplett umgestellt. Zuvor kam die Kundschaft zu ihnen und holte sich ihr Bier ab, im Bräustüberl gab es feste Ausschanktage. Inzwischen beliefern die Pillmeiers Getränkemärkte im Umkreis von etwa 30 Kilometern und fahren ihre Produkte auch aus. Der Absatz wurde bereits im zweiten Jahr verdoppelt. Bestellen kann man via Homepage. Das Sortiment umfasst traditionelle Biere wie Helles und Weißbier. Der Maschi-

Gebraut wird im alten Kuhstall einer ehemaligen Landwirtschaft. Dieser wurde zu einer kleinen Privatbrauerei umgebaut. Foto: privat

Das Sortiment umfasst traditionelle Biere wie Helles und Weißbier. Der Chef experimentiert aber auch gern. Foto: privat

nenbauer-Brauer experimentiert aber auch gern. So hat er
eine leicht zitrusartige Sommerweiße kreiert und spielt
gerne mit den vielen (rund 80) verschiedenen Hopfenar-
ten, die in der Hallertau angebaut werden. Eine neue
Herausforderung bedeutete für ihn
ein helles Bockbier. Alle Biersorten
werden nach dem bayerischen
Reinheitsgebot gebraut. Pillmeier
wollte keine Craftbeer-Brauerei
gründen, sondern möchte regionale Bierstile pflegen und dazu
Spezialitäten erschaffen.
Bei einem Kundenbesuch in einer
kreativen Brauerei in Haarlem, in
der Nähe von Amsterdam, lernte
Pillmeier, wie man mit einer
innovativen Hefesorte ein alkoholfreies Bier braut, „das
nicht so süß schmeckt wie viele andere und mit der
neuen Hopfensorte Solero aus der Hallertau auch eine
erfrischende Hopfennote hat". Er liebt es, als Berater zu
arbeiten, kommt viel herum und kann sich immer
wieder Anregungen für seine Leidenschaft, die eigene
Brauerei, holen.

PILLMEIER BRÄU GMBH
Rottenburger Straße 28
84085 Langquaid
Telefon: 01 76 / 21 25 46 26
info@pillmeier-braeu.de
www.pillmeier-braeu.de

Pillmeier Bräu ist ein Familienunternehmen. Ehefrau
Karin kümmert sich unter anderem um Marketing und
Social Media sowie die zahlreich anfallenden Büroarbei-
ten, der Schwiegervater – vor dem Ruhestand technischer Direktor eines Hopfenveredlers – hilft als Bierfah-
rer aus. Die kleine Brauerei und ihre Produkte haben seit
dem Start nur Wertschätzung erfahren. Am Anfang
haben die Langquaider Genussscheine ausgegeben, die
laut Pillmeier schnell vergriffen waren. Seine Erfahrung:
„Regionales ist wieder gefragt. Die Leute lieben es zu
wissen und im Idealfall zu sehen, wo etwas hergestellt
wird, und wer die Menschen sind, die etwas schaffen."

DIE HOPFEN-BOTSCHAFTERIN

Fünf Fragen an Elisabeth Stiglmaier

Eigentlich sind Sie ja gelernte Kinderkrankenschwester. Wie sind Sie auf den Hopfen gekommen?

Ich habe mich in einen Hopfenbauern verliebt und ihn geheiratet. Bis dahin war Hopfen für mich nur ein abstrakter Begriff. Die Pflanze und die damit verbundene Arbeit lernte ich nach und nach kennen – und lieben. Gerade weil mich der Hopfen dermaßen in seinen Bann gezogen hat, möchte ich meine Begeisterung gerne weitergeben.

Was fasziniert Sie denn so am „grünen Gold"?

Der Hopfen ist eine ganz besondere Pflanze und es ist einfach beeindruckend, wie er wächst und welche Macht dieses Wachstum über die Menschen hat, die sich mit seinem Anbau beschäftigen. Der Hopfen diktiert unseren Jahresablauf. Auch die Wirkung des Hopfens als Heilpflanze finde ich spannend. Ihm wird nicht nur eine beruhigende Wirkung zugeschrieben. In Laborexperimenten fanden Forscher heraus, dass einzelne Substanzen aus Hopfen eventuell vor Krebs schützen können. Dies muss noch genauer untersucht werden. Hopfen wird meist in Kombination mit Baldrian bei Einschlaf- und Durchschlafstörungen angewendet. In der Hopfen-Apotheke in Geisenfeld wird er unter anderem zu Tee, Lippenbalsam oder Salbe verarbeitet.

Wie wird man denn überhaupt Hopfenbotschafterin?

Man bewirbt sich und absolviert eine Ausbildung. Diese ist das Grundgerüst für die Erlebnisführungen, die jede Hopfenbotschafterin aber nach ihren persönlichen Neigungen und Interessen mit Leben erfüllt.

Wie sieht eine Hopfenerlebnisführung bei Ihnen aus?

Das hängt auch ein bisschen von dem Personenkreis ab – ob es beispielsweise Schulklassen sind oder Seniorengruppen. Im Übrigen ist unser Hof auch barrierefrei und für Rollstuhlfahrer geeignet und ich führe auch auf Englisch. Die Führung beginnt bei uns am Hof, wir gehen in die Kirche, besuchen den Hopfengarten, nehmen in der Hopfenarena Platz, gehen in die Hopfenerntehalle, schauen uns eine Hopfenzupfmaschine an und probieren Hopfentee und/oder Bier. Und ich singe auch gerne mit den Gästen und spiele dazu auf der Zither.

Apropos Bier: Sie haben sich ja auch zur Biersommeliere ausbilden lassen …

Nachdem 97 Prozent der Hopfenproduktion zur Herstellung von Bier verwendet werden, wollte ich mich auch da gut auskennen. Früher habe ich übrigens gar kein Bier getrunken. Mittlerweile schätze ich die große Palette an Sorten und probiere gern mal ein neues Craft Beer, ein besonderes Stout oder auch einen Bock. Im Winter mache ich Bierpunsch. Ich liebe einfach alles, was mit Hopfen und Bier zu tun hat.

Foto: Jens Schwarz

❖❖❖

ELISABETH STIGLMAIER

ist Hopfenbotschafterin in Attenhofen im Landkreis Kelheim. Dort betreibt sie mit ihrer Familie einen Hopfenerlebnishof mit einem Areal von 20 Hektar. Die Mutter von vier erwachsenen Kindern ist Gartenbäuerin, Landerlebnisreisen-Bayern-Führerin und als Hopfenbotschafterin aktiv. Außerdem hat sie sich zur Biersommeliere weitergebildet.

DAS HOPFENLAND HALLERTAU

Mitten in Bayern liegt die Hallertau, mit rund 17 000 Hektar Fläche das größte zusammenhängende Hopfenanbaugebiet der Welt. Das leicht hügelige Gebiet ist geprägt von den sogenannten Hopfengärten. Bis zu sieben Meter hoch ragen die Hopfengerüste in den Himmel. Dort knüpfen die Hopfenbauern spätestens Ende Januar die Drähte auf, die den Pflanzen als Rankhilfe dienen. In der Region hat der Anbau des „grünen Golds" seit Jahrhunderten Tradition. Das erste schriftliche Dokument über den Hopfenanbau in der Hallertau stammt aus dem Jahr 736. Damals wird Hopfen als Heilpflanze oder Gewürz verwendet. Erst im Mittelal-

ter wird dem Biersud Hopfen beigemischt.

Mit dem Bayerischen Reinheitsgebot im Jahr 1516 wird dieses „Rezept" offiziell besiegelt: Von da an darf Bier nur noch mit Wasser, Gerste und Hopfen gebraut werden. Diese strenge Regelung gilt bis heute – und hat das bayerische Bier mit seiner herausragenden Qualität in der ganzen Welt berühmt gemacht.

Mit der Kultivierung der Hopfenpflanze begann der wirtschaftliche Aufschwung der Region. Museen wie das Deutsche Hopfenmuseum in Wolnzach und das Hallertauer Heimat- und Hopfenmuseum Mainburg sowie zahlreiche Brauereien dokumentieren diese Entwicklung. So modern und technisiert der Hopfenanbau inzwischen ist: Das Hopfenandrehen ist nach wie vor mühevolle Handarbeit. Dabei werden die zarten Triebe am Aufleitdraht befestigt. Für das „Andrehen" benötigen die Hopfenbauern viele fleißige Helfer. Es beginnt meist Ende April und dauert bis Mitte Mai. Ab Ende August wird der Hopfen geerntet („gezupft").

Ein Großteil des Hopfens wird in fast alle Länder, in denen Bier gebraut wird, exportiert. Sehr beliebt ist der Hallertauer Hopfen zum Beispiel in Asien und in Nordamerika. Deutschland ist neben den USA das bedeutendste Hopfenanbauland und produziert aktuell mehr als ein Drittel der Welthopfenernte.

In der Hallertau hat das Brauwesen eine lange Tradition. Zwischen dem 11. und 16. Jahrhundert wurden in der Region die ersten Brauereien ihrer Art weltweit gegründet. Die Weißbierbrauerei Kuchlbauer beispielsweise, die seit 1300 das Braurecht besitzt, zählt zu den ältesten Brauereien der Welt. Seit 2010 ist der imposante Kuchlbauer Turm, ein Architekturprojekt nach Plänen des Künstlers Friedensreich Hundertwasser, ein Besuchermagnet.

Hopfendolden aus der Hallertau
© *Tourismusverband im Landkreis Kelheim e.V.,*
Fotograf: Anton Mirwald

❖❖❖

TOURISMUSVERBAND IM LANDKREIS KELHEIM E.V.

Donaupark 13
93309 Kelheim
Telefon: 0 94 41 / 207-7330
info@tourismus-landkreis-kelheim.de
www.tourismus-landkreis-kelheim.de

Foto: Gandorfer

„IRGENDWAS AUS DER NATUR IST IMMER DABEI"

Eine Keramikermeisterin hat sich auf Vögel, Pferde und die Landshuter Hochzeit spezialisiert

S ie liebt die Natur und ganz besonders haben es ihr auch die Vögel angetan. Specht, Sumpf-, Hauben-, Kohl- und Blaumeise, Stieglitz, Buntspecht, Steinschmätzer, Berg- und Buchfink, Kleiber oder Rohrammer – fast 40 Arten hat Barbara Gandorfer bereits in ihrem Repertoire und ständig kommen neue dazu. Inzwischen gibt es Sammler, die schon sehnsüchtig auf ein „neues Vöglein" warten. Eine alte Schultafel mit Zeichnungen, die die Mama – eine große Vogelliebhaberin – auf dem Dachboden verwahrt hatte, dient ihr als Vorlage für die gefiederten Freunde. Der kreative Prozess bereitet ihr, wie sie sagt, „ganz viel Freude – auch zu sehen, wie die Tiere noch feiner und naturgetreuer werden". Angefangen hat die Niederbayerin einmal mit Schwalben, die sich bei der Familie eingenistet hatten und die sie gerne beobachtete. Es folgten weiße Täubchen, die als Geschenk zu Hochzeit oder Kommunion sehr beliebt waren.

Barbara Gandorfer war „schon immer kunstverliebt". Nach dem Abitur fand sie aber nicht sofort zur Keramik, sondern schlug über ein angefangenes Lehramtsstudium für die Hauptschule einen Umweg ein. Bis sie in der Werkstatt eines Keramikers landete und wusste, was sie eigentlich machen möchte. Prompt wurde sie als eine von 25 Schülerinnen und Schülern unter mehreren hundert Bewerbern an der Staatlichen Fachschule für Keramik in Landshut angenommen und machte 1986 ihre Meisterprüfung. Mit 28 Jahren eröffnete sie in der Nähe von Geisenhausen ihre erste eigene Keramik-

Rund 40 Vogelarten hat Barbara Gandorfer in ihrem Repertoire - von Spechten über Meisen bis hin zu Falken. Foto: Gandorfer

werkstatt. Seit 2004 lebt und arbeitet sie in Kumhausen-Untergangkofen.

In der Region Landshut sind zahlreiche Keramiker aktiv – jeweils mit unterschiedlichen Spezialitäten. Barbara Gandorfer macht Geschirr, Kachelöfen und Skulpturen. Thematisch haben ihre handgefertigten Erzeugnisse oft etwas mit Tieren (neben Vögeln am liebsten auch Pferde) und der Natur zu tun: „Irgendwas aus der Natur ist bei mir immer dabei", sagt die Keramikerin. So hat zuletzt bei einem ihrer Kachelofen beispielsweise Bambus als Relief Eingang gefunden. Ein Thema, das sie sehr beschäftigt, ist auch die Landshuter Hochzeit. Der Vater der Keramikerin war Historiker und begeisterte sie für die Landshuter Geschichte mit Fokus auf die Landshuter Hochzeit 1475. Als Teil der Falkner-Gruppe begann sie auch Greifvögel darzustellen; außerdem unter anderem Ritterskulpturen, Brautpaare auf Pferden, Musiker, Fürstinnen und Fürste, Stadtknechte, Humpen und Krüge.

Pferde kommen bei der Keramikerin in vielen Varianten vor – als Skulpturen oder auf doppelwandigen Vasen. Foto: Gandorfer

Ein Alleinstellungsmerkmal sind auch ihre filigranen Durchbrucharbeiten, die früher schon bei den Kröninger Hafnern angewendet wurden. Durchbrucharbeiten und andere Geschirrteile fertigte sie von Anfang an – anders als die meisten Kolleginnen und Kollegen, die in den 1980er- und 1990er-Jahren farbige Glasuren verwendeten – mit einem weißen Glasurüberzug. Auch bei Kachelöfen und Wandgestaltungen setzt die Keramikerin auf das neutrale Weiß, da es das keramische Objekt am besten optisch mit einem Raum verschmilzt. Ihre Skulpturen überzieht Barbara Gandorfer auch gerne mit einer schwarzen Steinzeugglasur, was bei entfernterer Betrachtung an Metall oder Bronze erinnert.

BARBARA GANDORFER
KERAMIK

Untergangkofen 34
84036 Kumhausen-Untergangkofen
Telefon: 0 87 43 / 15 84
Barbara.gandorfer@gmx.de

www.keramikregion-
landshut.de/#barbaragandorfer

Wenn nicht gerade eine Pandemie grassiert, bietet die Keramikerin ihre Erzeugnisse auf Märkten in der Region an. Ein Highlight auf der Terminagenda sind der Landshuter Haferlmarkt oder der vom Bezirk Niederbayern und dem Berufsverband Bildender Künstler organisierte Tag der offenen Ateliers. Virtuelle Angebote und der Online-Verkauf sind für Gandorfer eigentlich lediglich ein Notnagel, denn: „Keramik muss man sehen und fühlen – und das geht virtuell nun einmal schlecht." Schließlich ist jedes Stück einmalig und in der Ausführung nicht exakt so wiederholbar.

Apropos Historie: Zu ihrem großen Erstaunen hat der Papa bei der Erstellung des Stammbaums herausgefunden, dass ein Zweig der Familie aus den Kröninger Hafnerhäusern stammt. Irgendwie war der Weg der Niederbayerin zur Keramik also schon vorgezeichnet.

GESCHICHTE DER KERAMIK IM RAUM LANDSHUT

◆◆◆

Die reichen Tonerde-Vorkommen Niederbayerns führten zur Ausbildung einer Keramiktradition in der Region Landshut. Kreisarchäologe Dr. Thomas Richter geht davon aus, dass die Menschen, die hier erstmals Keramik produzierten, ihr Wissen aus dem Nahen Osten „importiert" haben. Vor etwa 7500 Jahren wanderten sie aus dem mittleren Donauraum nach Niederbayern ein.

In einem geographischen Dreieck zwischen Landshut und Dingolfing im Norden und Vilsbiburg im Süden, eingefasst von Isar und Vils, hat sich später der Kröning als Zentrum der Geschirrherstellung in Bayern etabliert. Eine erste Zunftordnung von 1428 fasst Gepflogenheiten in Schriftform. Das 18. Jahrhundert gilt als die Blütezeit des Hafnerhandwerks schlechthin. Mehr als 120 Meister produzierten hochwertiges Gebrauchsgeschirr sowie Ofenkacheln. Die Erzeugnisse wurden in einem Umkreis von mehreren hundert Kilometern vertrieben. Wichtige Verkaufsorte und -regionen waren außer Landshut München, Regensburg, Linz, Salzburg, das Innviertel, Südtirol, der

Nürnberger Raum, die Oberpfalz und die Bayerwaldregion. In der ersten Hälfte des 20. Jahrhunderts verlor das Hafnerhandwerk an Bedeutung und existierte bald nicht mehr. Das Kröninger Hafnermuseum in Vilsbiburg hat einen Ausstellungsbestand von rund 900 Keramiken sowie etwa 100 Ofenkacheln und -teilen.

Um das Knowhow in der Region zu halten und weiterzugeben, wurde 1873 in Landshut eine Königliche Töpferschule gegründet, aus der Anfang des 20. Jahrhunderts die Staatliche Fachschule für Keramik hervorging. Sie gilt als Keramiker-Talentschmiede und ist ein Aushängeschild für die Region. Die Einrichtung hat drei Standbeine. Sie beherbergt die Berufsfachschule, in der im Vollzeitunterricht in drei Jahren die Ausbildung zum Keramiker erfolgt; darüber hinaus die Berufsschule mit Blockunterricht für Auszubildende in keramischen Betrieben in Bayern und anderen Bundesländern sowie die Meisterschule, die Keramikergesellen in zweijährigem Vollzeitunterricht zu Staatlich geprüften Keramikgestaltern und zu Keramikmeistern ausbildet.

Als aussagekräftige Visitenkarte für die Keramikregion haben Stadt und Landkreis eine attraktiv gestaltete Internetseite entwickelt. Unter der Adresse www.keramikregion-landshut.de stellen Keramiker sich und ihre Produkte vor, die online bestellt werden können.

Das typische Dekor: gelbe Grundglasur mit grün-braunen Spritzern; Foto: Heimatmuseum Vilsbiburg - Kröninger Hafnermuseum, Lambert Grasmann

◆◆◆

HEIMATMUSEUM VILSBIBURG - KRÖNINGER HAFNERMUSEUM

Stadtplatz 39-40
84137 Vilsbiburg
Telefon: 0 87 41 / 38 21
info(@)museum-vilsbiburg.de
www.museum-vilsbiburg.de

Foto: Harry Zdera

WO SCHOKOLADE EMOTIONEN WECKT

*In der gläsernen Manufaktur kann man sehen,
wie süße Köstlichkeiten entstehen*

„Jeden Tag esse ich die vier Grundnahrungsmittel, die für die Gesundheit unentbehrlich sind: Milchschokolade, Zartbitter-Schokolade, weiße Schokolade und Kakao."

Bebra Tracy (US-amerikanische Schoko-Expertin)

In der Landshuter Neustadt gibt es einen Ort, der die besten Voraussetzungen bietet, mit abwechslungsreicher (Schokoladen-)Kost glücklich gesund zu bleiben: Das Sortiment in der Chocolat Manufaktur ist überwältigend. In der Vitrine haben Liebhaber süßer kleiner Köstlichkeiten allein die Wahl zwischen 150 Sorten von Pralinen, etwa 90 davon werden hier auch hergestellt – in einer gläsernen Manufaktur. Dazu werden jährlich etwa sieben bis acht Tonnen Schokolade verarbeitet. Inhaber Olaf Minet hat gemeinsam mit einem Pariser Schokolabor seine eigene Kuvertüre entwickelt. Bei Cacao Barry produziert man die Vollmilch- und dunkle Variante genau so, wie er sie sich in puncto Süße, Aromen und Kakaogehalt vorstellt. Minet: „Die Verwendung einer eigenen Kuvertüre ist ein Alleinstellungsmerkmal."

Mit dem „Chocolat" hat Minet eine Pilgerstätte für alle, die Schokolade, Desserts, Petits fours und Macarons lieben, geschaffen. Und das Beste daran: Die Kundschaft kann dabei zusehen, wie all die feinen Objekte ihrer Begierde entstehen. „Wir verkaufen neben exquisiten handgemachten Produkten auch Emotionen", sagt der gebürtige Kölner, der weiß, wie sehr Kundinnen und

Für seine Schoko-Kreationen verwendet Olaf Minet eine Kuvertüre, die er nach seinem Geschmack entwickelt hat.
Foto: Harry Zdera

Der Inhaber der Chocolat Manufaktur steht mit seinem Team für neue süße Kompositionen. Foto: Harry Zdera

Kunden den direkten Kontakt, die Beratung, das Einkaufserlebnis, die Gerüche, das Ambiente schätzen. Auch bei der Produktion der vielen wechselnden Eissorten setzen die Landshuter auf Transparenz – und Regionalität. Früchte und Kräuter kommen frisch vom Wochenmarkt vor der Tür. Die Milch stammt von einem Bauernhof im näheren Umkreis.

Dass Minet eines Tages in Niederbayern an Land gehen würde, war in seiner Vita nicht abzusehen. Nach einer klassischen Kochausbildung war er an vielen Orten der Welt unterwegs, auch auf Privatjachten in der Karibik und im Mittelmeer, auf Sylt und im österreichischen Zell am See, wo er seine künftige Frau Inge kennenlernte. Dass beide ihre Zelte schließlich in Landshut aufschlugen, war vor allem dem Wunsch seiner Gattin geschuldet, sich nicht allzu fern ihrer Heimat niederzulassen. In der niederbayerischen Metropole war Minet zunächst zehn Jahre als Küchenchef in einem Restaurant tätig und kreierte schon immer gerne etwas Süßes. Sein Faible für Sweets trieb ihn öfter einmal in einen „Guatladen", der eines Tages vor dem Verkauf stand. Der Süßwaren-Liebhaber entschloss sich, das Geschäft mit seiner Frau zu übernehmen. Das Sortiment wurde schokoladenlastiger. Eines Tages wurde ihm klar, dass er nicht nur verkaufen will, was andere produziert haben, sondern, dass er selbst Pralinen machen möchte. Er baute den Keller entsprechend aus und begann dort mit fünf Sorten.

Dann ging es immer weiter: Er stellte die erste Mitarbeiterin ein, machte Florentiner, Kuchen und andere süße Sachen; und er begann damit, anderen Einblicke in seine süße Welt der Schokoladenverarbeitung zu ermöglichen – in Pralinen- oder Dessertkursen.

Das Business wurde immer größer, die Produktionsstätte zog um. Und das Ehepaar Minet hatte fortan zwei Geschäfte zu führen. Was auf die Dauer ganz schön mühsam war. Da bot sich in unmittelbarer Nähe die Chance, sich in ein neues Ensemble einzumieten. Das Zusammenfassen zweier Läden bot die Möglichkeit, eine breite Ladenstruktur zu installieren; nicht wie sonst in historischen Städten üblich tiefe und eher schmale Geschäftseinheiten.

In der Manufaktur werden immer wieder neue überraschende Kompositionen entwickelt. Über das (bleibende) Angebot entscheidet aber am Ende der Kundengeschmack. Die Chocolat-Fans lieben zum Beispiel das „Burgfräulein", ein Verkaufsrenner bei den Pralinen. Der Chef: „Die dürfen uns auf gar keinen Fall ausgehen. Da achtet meine Frau immer drauf. Ohne sie als Partnerin an meiner Seite wären wir nicht, wo wir heute stehen."

◆—◆◆—◆

**CHOCOLAT
MANUFAKTUR & LADEN**
*Neustadt 442
84028 Landshut
Telefon: 08 71 / 3 19 85-26
kontakt@chocolat-manufaktur.de*

chocolat-manufaktur.de

Foto: Salome Klugbauer

ENTDECKUNGSTOUR IN DIE TIEFEN EINER POLSTERUNG

Roswitha Klugbauer, Raumausstatterin und Restauratorin im Raumausstatterhandwerk, hat ein Händchen für alte Möbel

Sie nennt ihr Geschäft schlicht „Lampe und Sofa" und hat sich dafür ein wunderbares Retro-Logo ausgesucht. Roswitha Klugbauer beschäftigt sich beruflich mit mehr oder weniger alten Sitzmöbeln und schönen Stoffen. „Ich hatte schon immer Freude daran, kreativ zu sein und mit edlen Materialien zu arbeiten", sagt sie. 2012 hat sie sich in Vilsheim mit einer Polsterwerkstatt samt Atelier für textile Raumgestaltung selbstständig gemacht.

Das Rüstzeug dafür eignete sie sich im Rahmen ihrer Ausbildung zur Raumausstatterin an. Da lernte sie unter anderem, wie man Vorhänge näht, Wände mit Stoffen bespannt – aber auch, wie man Sessel polstert. Das Restaurieren alter Möbelstücke hatte es ihr schnell ganz besonders angetan und sie bildete sich auf einer Akademie im Münsterland in Kunstgeschichte und Konservierung fort. Klugbauer: „Alte Sitzmöbel bergen so viele geschichtliche Informa-

Bei der klassischen Polsterung wird Rosshaar für die sogenannte Fasson verwendet. Foto: Salome Klugbauer

tionen in sich. Bei einer Restaurierung sollte daher – wenn möglich – der Erhalt im Vordergrund stehen." Die Niederbayerin erzählt begeistert von all den „tollen Materialien" wie Kupferfedern, Rosshaar, Federleinen, Leinenzwirn oder Bindfaden aus Hanf, mit denen sie hantiert. Und so entsteht durch das „Geschick der Hände und mit Nadel und Faden" ein höchst komfortables Möbelstück. Konkret sieht ihre Arbeit folgendermaßen aus: In der Werkstatt angekommen, werden Sessel, Sofas oder Stühle zunächst einmal „abgeschlagen". Das bedeutet, dass der alte Stoff oder das Leder entfernt werden müssen – mit speziellen Werkzeugen wie einem Geißfuß oder Nagelheber hebelt die Restauratorin für Raumausstattung Klammern aus und zieht Nägel aus dem Holz.

Roswitha Klugbauer: „Dabei begebe ich mich auf eine mitunter historische Entdeckungsreise. Nicht selten gibt es nach der einen Schicht noch eine andere…" Und ab und an findet sie auf dieser Tour in die Tiefen der Polsterung Relikte wie beispielsweise eine Glasperle oder eine Haarspangen-Nadel, „die vielleicht in den 1920er-Jahren einmal einen Dutt zusammengehalten hat": „Das ist alles Stoff für Geschichten, die ein Restaurator entdecken und erzählen möchte." Die Niederbayerin hebt all diese Fundstücke auf und übergibt sie dann an die Eigentümer der Möbelstücke.

Je nach Zustand des Gestells und der Polsterung muss sie abwägen, inwieweit die vorhandene Polsterung erhalten

Vintagemöbel liegen im Trend - gerade bei jungen Leuten. Foto: Salome Klugbauer

Roswitha Klugbauer hat eine Mission: Sie will aus jedem Möbelstück das Beste herausholen. Foto: Salome Klugbauer

bleiben kann. Nach Angaben der Expertin zerfällt Schaumstoff nach spätestens 20 Jahren langsam, aber sicher, und muss ausgetauscht werden. Alte geschnürte Sitze mit gedrehten Federn sind da schon ausdauernder, aber oft auch nicht mehr zu retten, um das Sitzmöbel wieder für den täglichen Gebrauch fit zu machen. Dann gibt es noch den Federkern – kleine Federn, die als Ersatz für die klassische Schnürung seit den 1950er-Jahren verwendet werden. In Absprache mit dem Kunden kann die Polsterung in puncto Sitzhöhe oder Festigkeit des Sitzes individuell angepasst werden. Für die Niederbayerin steht eines fest: „Der Sitzkomfort professionell gepolsterter Sessel ist einfach anders, besser." Polstern, restaurieren, wiederaufarbeiten bedeutet für die Handwerkerin einen Prozess im Sinne der Nachhaltigkeit. Denn: Viele Materialien werden kompostiert und wiederverwendet, Metalle recycelt, statt Schaumstoff werden heimische Produkte wie etwa Alpengras verwendet.

Roswitha Klugbauer: „Jeder Stuhl ist anders. Meine Mission ist es, durch das Restaurieren die verlorengegangene Formensprache zu reaktivieren, das Beste herauszuholen." Nachdem sie sich intensiv mit einem Möbelstück auseinandergesetzt hat, ist es ihr immer auch ein wenig ans Herz gewachsen. Dann will sie es am liebsten gar nicht mehr hergeben. Derzeit liegen Vintagemöbel im Trend. Und so freut sich die Möbelspezialistin, dass neben Kunden, die klassische Antiquitäten bringen (oder abholen lassen), auch junge Leute den Weg zu ihr finden. Sie lassen sich beispielsweise die Cocktailsessel ihrer Großeltern aus den 1950er- oder 1960er-Jahren neu aufpolstern.

LAMPE UND SOFA
Reichersdorf 11
84186 Vilsheim
Telefon: 01 76/20 24 55 36
info@lampeundsofa.de
www.lampeundsofa.de

Foto: privat

HANDGEMACHTE LIEBESERKLÄRUNGEN

Astrid Steinberger strickt neben Mützen, Schals oder Umhängen auch Kuscheltiere

Sie hat ein Lieblingszitat. Es lautet „Handarbeit hat Seele" und stammt von dem ostdeutschen Malermeister und Illustrator Frank Dommenz. Im Falle von Astrid Steinberger bedeutet Handarbeit Stricken und dass ihre Arbeiten eine Seele haben, sieht man spätestens bei ihren Strick-Kuscheltieren. Wer hätte gedacht, dass man aus Wolle nicht nur Mützen, Schals, Pullover, Stirnbänder oder Umhänge fertigen kann, sondern auch Teddybären, Pinguine, Schlangen, Schnecken, Nilpferde, Schafe und Maulwürfe. Mit einem Maulwurf fing übrigens alles an. Die Niederbayerin hatte in einer Handarbeitszeitschrift ein gehäkeltes Exemplar entdeckt und wollte es unbedingt stricken. „Nach zwei, drei Versuchen ist mein Woll-Maulwurf wirklich schön geworden", erzählt sie. Steinberger schenkte ihn ihrem ersten Sohn.

Der hatte das gestrickte Tier bei einer Hochzeit dabei und die Mama wurde x-mal darauf angesprochen; auch auf ihr selbstgemachtes Tuch zum Dirndl. Man bat sie, für eine Benefizveranstaltung zu stricken. Das machte sie prompt und ihre Schals und Tücher waren in null Komma nichts weg. Und so reifte in ihrem Kopf langsam die Idee, ein Geschäft daraus zu machen. Bis es so weit war, strickte sie vor allem für die Familie Mützen, Schals und Pullis. Die Initialzündung für das Zuckerstückerl fand schließlich vor einigen Jahren auf einem privaten Weihnachtsmarkt in Landshut statt, auf dem sie einen Stand für ihre Produkte – darunter waren auch etliche Tiere – ergatterte. Die Resonanz

Die Schlange Willi durfte sich Astrid Steinberger für das Foto von ihrem Sohn Jeremias ausleihen. Foto: Immanuel Steinberger

war so überwältigend, dass sie jedes Jahr wiederkam. Und immer mehr Leute riefen auch außerhalb der Adventszeit bei ihr an und gaben Bestellungen auf. Die Landshuterin strickt quasi, seitdem sie sich erinnern kann. Mit fünf Jahren hat ihr die Mama die Strickerei beigebracht und schon als Mädchen konnte sie die Hände nicht von den Nadeln lassen. Sie strickte in mehr oder weniger großer Perfektion alles Mögliche: Püppchen, Pullis, Topflappen. Die Technik hat sie nie mehr verlernt (auch wenn es während der Pubertät zu einer längeren Pause kam, „weil Stricken zu dieser Zeit einfach nicht cool war"). Stricken und dabei an denjenigen zu denken, für den sie etwas fertigt, bedeutet für Astrid Steinberger eine handgemachte Liebeserklärung. Die adressierte sie auch an ihren späteren Gatten, einen Zweimeter-Mann, indem sie ihre ganze Zuneigung für ihn in einen riesigen Pulli strickte.

Handgearbeitete Unikate aus Wolle erleben eine Renaissance. Foto: privat

Angora, Alpaka, Schurwolle, Merino, Baumwollgarn oder Kaschmir – mit dem Fortschreiten ihrer Strickleidenschaft beschäftigte sich Astrid Steinberger intensiv mit Materialkunde, um für jedes Produkt die perfekte Wolle mit den besten Eigenschaften zu finden. Die Kundschaft schätzt diese Expertise, die Liebe zum Detail und die damit verbundene Qualität der Zuckerstückerl-Handarbeiten. Steinberger: „Die Materialien und ihre Verarbeitung haben sich in den vergangenen Jahren massiv weiterentwickelt: Von den kratzigen Schurwoll-Strumpfhosen, an die vielleicht so manche denkt, kann schon lange keine Rede mehr sein."

ZUCKERSTÜCKERL

Ahrnfeldstraße 10
84036 Kumhausen
Telefon: 0 15 12 / 1 25 96 90
info@zuckerstueckerl.de
www.zuckerstueckerl.com

Die zweifache Mutter ist beruflich halbtags als Assistentin der Geschäftsführung tätig und strickt in ihrer Freizeit für die Manufaktur. „Das Stricken ist einfach meine Leidenschaft", sagt sie und freut sich, dass handgearbeitete Strickstücke als Unikate derzeit eine Renaissance erleben. Sie hat den Eindruck, dass sich die Menschen wieder mehr Individualität und keine Massenware wünschen und gerade Schönes aus der Region schätzen. Bei den individuellen Auftragsarbeiten wird sie von ihrer Mutter unterstützt, die glücklich ist, dass sie die eigene Strickliebe an die Tochter weitergeben konnte. Der Name der Strickmanufaktur geht auf den ersten Maulwurf zurück, den ein verliebter Fan „zuckersüß" fand. Inzwischen hat Astrid Steinberger ein großes Repertoire an Stricksachen zu bieten: etwa kleine Geldbörsen, Stirnbänder, Trachtentücher, Babydecken und -schühchen. Für eine Taufe hat sie sogar schon einmal eine Ameise gestrickt.

Foto: privat

ANZUGSCHUHE AUS ROCHENLEDER UND PUMPS MIT DIAMANTEN

◆◆◆

Ein Schuhmachermeister aus dem Rottal
verbindet Tradition mit Innovation

Manchmal hat man als Unternehmer einfach Glück mit der geographischen Lage des Betriebs. Denn wer die Golfplätze in Europas Golf Resort Nummer eins in Bad Griesbach ansteuert, der muss an seiner Schuhmacherei vorbei. Und während viele Schuhmacher ihre Werkstätten schließen mussten, weil ihnen die Kundschaft ausging, steht das Geschäft von Stephan Dinklreiter nach wie vor stabil auf zwei Säulen: der Anfertigung von Maß-schuhen und der Herstellung von orthopädischem Schuhwerk. Dinklreiter wird im Geschäft von seiner Frau und zwei Angestellten unterstützt.

Im Rottal kann man auf eine lange Tradition zurück-blicken. Seit mehr als 100 Jahren werden in der Familie Schuhe von Hand hergestellt. Stephan Dinklreiter ist bereits die vierte Generation. Sein Urgroßvater Sebas-tian Dinklreiter war im wenige Kilometer entfernten Tettenweis mit einer kleinen Schuhmacherei gestartet. Dessen Sohn, Schuhmachermeister Georg Dinklreiter (sen.), lehrte 20 Gesellen sein Handwerk und schickte sie nach dem Abschluss der Lehre auf die „Stanz", damit sie bei anderen Arbeitgebern dazulernen.

Stephans Vater Georg Dinklreiter jun. zog schließlich mit dem Betrieb nach Bad Gries-bach um und übergab ihn 2004 an den Sohn. Dieser hat es sich zur Aufgabe gemacht, die lange Familientradition seines Handwerks mit modernsten Techniken und genauer Computer-messung zu verbinden.

In seiner Werkstatt fertigt der Niederbayer individuelle Modelle aus ausgewählten Materialien. Foto: privat

Rahmengenähte Maßschuhe sind die Passion des Griesbachers Stephan Dinklreiter.
Foto: privat

Sein Herz schlägt besonders für rahmengenähte Maßschuhe und von Hand gefertigte holzgenagelte Manufaktur-Schuhe. Für Stephan Dinklreiter war schon immer klar, dass er die familiäre Schuh-Geschichte fortschreiben möchte. Dass er handwerklich begabt ist, war klar, und auch dass er „keine Gegenstände nach einem abstrakten Plan herstellen" wollte, sondern Schuhe, die auf die individuellen körperlichen Voraussetzungen und Bedürfnisse bestmöglich zugeschnitten sind. Ein großes Anliegen ist es ihm auch, dass orthopädische Schuhe nicht wie Gesundheitsschuhe wirken. „Auch wer kranke Füße hat, soll schöne Schuhe bekommen", sagt er. Seine Fußpatienten sollten mit dem neuen Schuhwerk nicht nur den Alltag vernünftig bestreiten können, sondern auch noch gut damit aussehen. „Kein Mensch erkennt mehr, dass die coolen Sneakers orthopädisch gearbeitet sind."

Die Kundschaft und deren Palette an Wünschen ist breit gefächert. Manche kommen „nur", um sich neue Absätze oder Sohlen machen zu lassen, andere haben Probleme mit Plattfüßen und benötigen Einlagen, wieder andere wollen handgefertigte Golfschuhe, die an die spezielle Fußanatomie angepasst sind. Und dann gibt es Manager, die sich in Bad Griesbach individuelle Modelle aus ausgewählten Materialien wie beispielsweise Rochenleder fertigen lassen. Dinklreiter: „Diese Leute sind viel unterwegs und brauchen Schuhe, die perfekt sitzen. Umso schöner ist es dann, wenn diese Exemplare auch einzigartig sind."

Um den Kunden eine erste Orientierung zu ermöglichen, gibt es bei Dinklreiter Edel und Schuh etwa 30 Vorzeigemodelle zu sehen. Rind, Kalb, Strauß, Büffel, Reptilien, Fische – bei den Lederarten gibt es „fast nichts, was nicht vorstellbar ist", sagt der Rottaler. Geschützte Tierarten sind freilich tabu. Außerdem müssen etwaige Einfuhrbeschränkungen beachtet werden. Kunden können auch zwischen vier verschiedenen Besohlungsarten wählen.

DINKLREITER EDEL UND SCHUH GMBH

Hauptstr. 11
94086 Bad Griesbach
Telefon: 0 85 32 / 92 12 25
info@edelundschuh.de

www.dinklreiter.de

Eine ganz besondere Bestellung bekam er von einer Dame aus dem arabischen Emirat Katar, die sich in Bad Griesbach in einem Hotel aufhielt. Sie orderte Pumps mit 24 glitzernden einkarätigen Diamanten. Da musste Dinklreiter erst einmal einen Juwelier finden, der die Preziosen in geeignete Fassungen einbringen konnte, bevor er sie wiederum in die exklusiven High Heels integrierte. Der stattliche Prcis: rund 20 000 Euro.

Die Kundschaft schätzt an handgemachten Schuhen neben der Möglichkeit, sie nach individuellen Vorgaben herzustellen, den hohen Tragekomfort und die Langlebigkeit. „Bei normaler Pflege sind zehn Jahre gar nichts", betont Dinklreiter.

Foto: Braun

ORTENBURGER POMERANZE UND VILSHOFENER BIERLIKÖR

*Ein Ehepaar entdeckte die Liebe
zu hochprozentigen Getränken*

W er in dem kleinen Ort Holzkirchen hinter der Kirche den Berg hochfährt, würde dort niemals eine Brennerei vermuten. Und so kommen die Besucher in der Regel ganz gezielt hierher.

In einem gepflegten Einfamilienhaus mit Anbau werden seit 1997 hochwertige Edelbrände und fruchtige Liköre produziert, die bei Kennern längst einen exzellenten Ruf genießen. Sie wurden zum Teil mehrfach prämiert. Und die Edelobstbrennerei besticht auch immer wieder durch ihre Kreativität. Roland Braun, der mit seiner Frau Andrea die Manufaktur führt: „Wir verwenden ausschließlich handverlesenes, vollreifes und einwandfreies Obst. Die Reste von Stielen und Blättern müssen dabei unbedingt aussortiert werden. Unsere oberste Devise lautet: Qualität geht vor Quantität."

Von der Sparkasse zur Manufaktur: Roland und Andrea Braun; Foto: Braun

Diese Qualität soll sich auch im Design der Flaschen widerspiegeln, die jeweils von Hand mit echtem Wachs versiegelt werden. Die Produktpalette umfasst inzwischen 25 verschiedene naturreine Destillate und Liköre. Sie reicht von Waldhimbeer- und Haselnussgeist über Marillen-, Brombeer- und Johannisbeerlikör bis hin zu Ortenburger Goldbrand (Birnen-Apfelwein im französischen Eichenfass gereift) oder Sauerkirschbrand. Spezialitäten sind der Kräuterbitter mit 16 Kräutern und Gewürzen nach einer alten Klosterrezeptur, für den die Kräuterauszüge selbst hergestellt werden, oder die „Ortenburger Pomeranze", ein Bitterorangenlikör mit Bio-Pomeranzenschalen, die in einem aufwendigen

Die Brauns haben inzwischen 25 verschiedene Produkte im Angebot.
Foto: Braun

Verfahren verarbeitet werden. Inspiriert durch den Fund eines Pomeranzenhauses (Orangerie) auf Schloss Ortenburg wurde dieser Likör in Anlehnung an ein altes Rezept entwickelt. Eine weitere besondere Kreation ist der „Vilshofener Bierlikör" aus Wolferstetter Doppelbockbier mit echten Vanilleschoten verfeinert. Wie für viele andere ihrer prozentigen Getränke haben die Brauns einen Tipp parat: „Unser Bierlikör schmeckt auch heiß getrunken mit einem Sahnehäubchen und einer Prise Kardamom." Sogar einen Gin gibt es in Ortenburg, den „40 Drugs Gin" mit 40 verschiedenen Kräutern aus Bio-Anbau und mit Bitterorange verfeinert. Stattliche Pomeranzen kann man im Übrigen auch in Kübeln vor dem Haus bewundern.

Der Prozess des Schnapsbrennens geht im Wesentlichen so: Die Früchte werden gereinigt, zerkleinert und in etwa vier bis sechs Wochen vergoren. Dabei wird der Fruchtzucker in Alkohol umgewandelt. Je höher der Fruchtzuckeranteil ist, desto größer ist die spätere Alkoholausbeute. In der Brennerei wird die vergorene Maische destilliert. Die vergorene Fruchtmaische wird in der Brennblase bei zugeschaltetem Rührwerk gleichmäßig und schonend erhitzt. Für Edelbrände ist es wichtig, das Herzstück, den sogenannten Mittellauf, sehr eng zu halten. Braun: „Vor- und Nachlauf müssen großzügig abgetrennt werden. Dies erfordert ein großes Fingerspitzengefühl."

Der Profi: „Sie können leicht selbst erkennen, ob ein Destillat rein ist: Vorlaufhaltige Destillate haben einen scharfen Geruch nach Lösungsmittel oder Klebstoff. Nachlaufhaltige Destillate riechen unangenehm, muffig oder faulig. Saubere Destillate duften auch aus einem leeren Glas, lange nach dem Genuss, noch fruchtig-frisch." Je nach der Sorte bekommen die Destillate mehrere Monate bis Jahre Zeit, um die für die Braun-Flüssigkeiten typische Weichheit zu entwickeln.

Im Hauptberuf ist Roland Braun erst seit wenigen Jahren Brenner. Früher waren er und seine Frau bei der Sparkasse beschäftigt. Irgendwann hatte ein Vortrag das Interesse des Bankers geweckt und er begann für die Materie zu brennen, las sich ein und kaufte eine Destillier-Anlage. Seine Frau war anfangs nicht restlos begeistert. Sie trug das neue „Hobby" ihres Mannes aber schnell mit und gab dafür 2002 sogar ihren Beruf auf. Die beiden bauten das Geschäft sukzessive aus und freuen sich über eine rege Nachfrage nach ihren Schnäpsen und Likören. Sie betreiben ein Ladengeschäft, einen Online-Shop, beliefern Geschäfte und die Gastronomie.

EDELOBSTBRENNEREI

Roland Braun
Brunndobl 19
94496 Ortenburg-Holzkirchen
Telefon: 0 85 42 / 25 93

www.braun-edle-braende.de

Das Herzstück der Edelobstbrennerei: die Destillieranlage; Foto: Braun

Foto: TRP1

VON ZENZ, LIESERL, ANNAMIRL UND FRÄNZCHEN KLEIN

Wie eine Schreinerei aus dem „Woid"
Grenzen überschreitet

Der „Franz" ist eine Idee von Veronika Hackl, die mit ein paar Freunden „wieder einmal a bissal gspunna hat" (für Nicht-Niederbayern heißt das im positiven Sinne so viel wie, dass sie den Gedanken freien Lauf ließen). Das tun sie des Öfteren und meistens kommt dann auch etwas „Gscheids" dabei heraus. Im Falle von Franz lief das so: Nach der Hochzeit wollte sich die „Vroni" mit ihrem Mann Josef ein Bett kaufen. Doch die beiden fanden kein Modell, das ihren Vorstellungen entsprach.

Die neue Liegestatt sollte sich durch folgende Attribute auszeichnen: „alles natürlich, aus der Region und aus Massivholz". Josef Hackl, von Beruf Ingenieur, zeichnete einen Entwurf und das Paar machte sich auf die Suche nach einer Schreinerei, die das Bett für sie bauen sollte. Ein Freund empfahl ihnen Raphael Lempert in Kohlstatt bei Breitenberg im Landkreis Passau: Er bekam den Auftrag und die Hackls ihr gewünschtes Bett. Der Schreinermeister hatte jedoch auch ein Anliegen: Er wollte

Mit-Gründerin Vroni Hackl
Foto: Valentin Brandes, Studio Weichselbaumer

Geflüchteten helfen, sich mit Arbeit ein neues Leben aufzubauen. Und weil die Niederbayerin für eine große Unternehmensberatung arbeitet, die weltweit aktiv ist und unter anderem auch interkulturelle Trainings anbietet, bat er sie um Unterstützung.

Der Helferkreis Wegscheid vermittelte schließlich einen jungen Mann aus Eritrea, der in Kohlstatt erfolgreich in die Berufswelt startete. Die gspinnerte Idee entwickelte sich immer weiter: Aus dem Hackl-Bett wurde ein eigenes Modell, die „Zenz", und die bekam Geschwister

*Das Modell „Zenz" sieht vielleicht ein bisschen schräg aus. Es punktet
aber mit regionaler, handwerklicher Fertigung aus Massivholz.*
Foto: Florian Weichselbaumer

wie „Lieserl", „Annamirl" und „Fränzchen klein" – ein
Kinderbett, in dem die Tochter der Hackls schläft. Die
Schreinerei von Raphael Lempert, die Betten beziehungsweise Möbel schadstofffrei aus heimischen
Hölzern herstellt, bildete das Fundament einer Vision:
eine Plattform von Schreinereien mit denselben ökologi-
schen und ethischen Grundsätzen. Veronika Hackl
gründete mit Schreinermeister „Raphi" Lempert, dem
Holzgestalter Marc Hillig und der Kommunikationsde-
signerin Valeska Merklinger dazu eine Firma und ist als
Geschäftsführerin der Kopf von „Franz der Bettenbauer". Doch wer ist eigentlich der Franz? „Wir wollten
einen einfachen Namen finden, einen, der quasi für jede
und jeden steht, die mit dem Projekt befasst sind, einen
Namen aus der Region, mit dem wir uns alle identifizie-
ren können." Und so stellen sich alle Bettenbauer nun
grinsend mit „Servus, i bin der Franz" vor.
Ihrer verbindenden Idee hat die Passauerin sogar ein

Abendessen bei Angela Merkel in illustrer Runde zu verdanken. Der Kanzlerin und ihren Gästen durfte sie den Franz in einer kleinen Rede vorstellen. Die Niederbayern sind angetreten, einige Dinge anders zu machen. Während viele andere Holzverarbeitungsbetriebe in maschinelle Fertigung und 3D-Druck investieren, besinnen sie sich auf das pure Handwerk. „Wir leben den Schreiner-Traum", sagt Vroni Hackl. „Wir vermeiden den Einsatz von Maschinen, wo es geht, und arbeiten bewusst handwerklich und langsam." Außerdem will Franz der Bettenbauer „ökonomisches Tun und Gewinnorientierung mit einer idealistischen Haltung und Kulturen zusammenbringen", Geflüchteten die Chance einer Ausbildung geben.

Zenz, Lieserl, Annamirl oder Fränzchen klein fungieren inzwischen als Prototypen und Musterbetten. Denn wer sich beim Franz ein Bett fertigen lässt, der legt Wert auf Individualität. Der eine will sein Bett höher, der andere bringt ein eigenes Holz mit, der Dritte wünscht sich eine spezielle Formensprache. Auf der Homepage heißt das: „Bring your own Hoiz. Du kannst eines von vier verschiedenen Designs wählen und Maße, Holz, Oberfläche und Details selbst bestimmen." Daher ist jedes Franz-Bett anders. Übrigens kann man die Website auch auf Bayerisch lesen. Franz der Bettenbauer ist eine Manufaktur, ein Projekt, das tief in der Heimat, im Bayerischen Woid verwurzelt ist, das aber in vielerlei Hinsicht Grenzen überschreitet und seinen Kunden einen Mehrwert bietet.

RAPHAEL LEMPERT, SCHREINERMEISTER
FRANZ DER BETTENBAUER
Kohlstattstraße 71
94139 Breitenberg
servus@franz-bettenbauer.de
www.franz-bettenbauer.de
Besuchsanmeldungen
per E-Mail erwünscht

Foto: Handweberei Moser

TRADITIONSREICHE MUSTER IN NEUEM KONTEXT

Die Handweberei ist in der Region eine Rarität

W er glaubt, dass Handgemachtes in der Industrieära nicht mehr geschätzt wird, der sieht sich hier eines Besseren belehrt. „Über mangelnde Nachfrage können wir uns nicht beklagen", sagt Waltraud Moser. Sie ist in der Handweberei F.X. Moser in Wegscheid zuständig für Beratung und Verkauf und weiß: Die Kunden – meist Privatleute, aber auch die gehobene Gastronomie – kommen längst nicht mehr nur aus der Region. Manuell gefertigte Tischdecken, Teppiche und Vorhänge sind auch bei Großstädtern in München, Hamburg oder Berlin begehrt, die Wert auf Nachvollziehbarkeit und Nachhaltigkeit legen und Qualitätsprodukte aus Naturstoffen ohne chemische Ausrüstung suchen.

Dieser Philosophie fühlt sich das Unternehmen aus dem Passauer Land seit Jahrzehnten verpflichtet. Der Familienbetrieb wurde von Waltraud Mosers Schwiegervater gegründet, der der Weberei auch seinen Namen gab. Nachdem F.X. Moser aus der Kriegsgefangenschaft zurückgekehrt war, kaufte er sich Anfang der 1950er-Jahre zwei Webstühle und startete in einem Nebengebäude des elterlichen Hofes in der Nähe von Breitenberg sein „Business", wie man heute sagen würde. Er wollte selbstständig arbeiten und brachte es mit seinem handwerklichen Geschick als Handweber zum „Altmeister". Die ersten Aufträge waren Trachtenstoffe für Vereine. Mit der Nachfrage wuchs auch die Passion für das Metier, die der Vater auf die beiden Söhne weitergeben konnte. F. X. junior, der ältere Filius, erlernte im

Möbelstoffe, Tischwäsche, Sets, Handtücher und vieles mehr sind auch im Ladengeschäft in Wegscheid erhältlich. Foto: Handweberei Moser

In der Werkstatt im ersten Stock rattern 14 Webstühle. Foto: Handweberei Moser

österreichischen Mühlviertel in Haslach das Weben und wurde „daheim" zum Meister. Johannes Moser, der Jüngere und Waltraud Mosers Ehemann, absolvierte eine Ausbildung zum Bürokaufmann und ist in der Firma für die monetären Angelegenheiten zuständig. 1954 hatte der Firmengründer in Wegscheid ein landwirtschaftliches Anwesen gekauft und es entsprechend umgebaut. In diesem Haus ist die Handweberei noch heute beheimatet. 14 Webstühle rattern im ersten Stock und produzieren unter anderem Möbelstoffe, Tischwäsche, Sets, Handtücher und Vorhänge aus hochwertigem Reinleinen, Halbleinen, Baumwolle oder Wolle. Um einen Meter Stoff zu weben, müssen die Weberschiffchen etwa 1500 Mal hin und her bewegt werden. Was das Angebot anbelangt, sind die Wegscheider eigenen Recherchen zufolge die größte Handweberei von noch etwa 400 in Deutschland. In der Werkstatt sitzen fünf Mitarbeiterinnen an den Webstühlen, zwei Näherinnen arbeiten von daheim aus – und an Interesse, hier mitzuarbeiten, fehlt es nicht. Die Stoffe werden zum Teil am Stück als Meterware gewebt. „Dafür müssen die Muster am Anfang und Ende gleich sein", so Moser. Bei speziellen Designs, dem Hohlsaum „Mona" etwa oder auch bei Teppichen, wird das Webstück individuell nach den Wunschmaßen der Kunden gefertigt. Apropos Muster: Eine ganze Reihe von Mustern ist seit über 60 Jahren eine Spezialität der Handweberei.

Was die Mosers immer besonders freut, ist, „wenn junge Leute, die unsere Sachen aus dem Elternhaus kennen, die Familientradition fortsetzen und zu uns kommen oder bei uns bestellen." Offensichtlich sind sogar bäuerlich angehauchte Muster so zeitlos, dass sie immer noch modern wirken beziehungsweise perfekt mit einem modernen Einrichtungsstil kombiniert werden können. Der Pflegeaufwand für Handgewebtes hält sich in Grenzen. Die Produkte können in der Maschine gewaschen werden.

Ohne Digitalisierung kommt jedoch auch ein Traditionsunternehmen nicht aus und so werden viele potenzielle Kunden via Suchmaschine und Homepage fündig. Junge Familien etwa googeln gerne „Schafwollteppich ohne Chemie" und entdecken so die Angebote der Niederbayern. Nach einer Mail oder einem Telefonat, in dem die Wünsche und Anforderungen geklärt werden, versenden die Mosers vor der Auftragsvergabe durchaus auch mal ein Muster, damit die Haptik nicht zu kurz kommt. Und es passiert immer öfter, dass Kunden im Urlaub vorbeischauen, um zu sehen, wo ihr Teppich oder ihre Tischdecke entstanden sind.

Foto: Handweberei Moser

HANDWEBEREI
F. X. MOSER

Säumerweg 2
94110 Wegscheid

Während der Geschäftszeiten kann man auch die Werkstatt besichtigen.

Anmeldungen von Gruppen unter Telefon: 0 85 92 / 695.

www.handweberei-moser.de

DIE WEBEREI IM WEGSCHEIDER LAND

In der Region rund um Wegscheid wie im gesamten Unteren Bayerischen Wald spielte die Leinenweberei über einen langen Zeitraum eine gewichtige Rolle. Die Anfänge reichen zurück bis ins 17. Jahrhundert. Nach dem Einbruch der Handwerkszunft verrichteten die Heimweber ihre Tätigkeit nur noch „nebenbei". Mit der Fertigung von Leinenwaren verdienten sich die Landwirte während der Wintermonate das so dringend benötigte Zubrot. Vertrieben wurde die fertige Ware durch sogenannte Verleger. Diese belieferten die Weber auch mit dem Rohmaterial, dem Garn. In der Hoch-Zeit im 19. Jahrhundert waren in der Region bis zu 800 Heimweber aktiv. 1808 gab es im Markt Wegscheid allein noch 59 „Webersgerechtigkeiten".

Das „Wegscheider Leinen" schmückte damals als Kostbarkeit viele königliche und fürstliche Tafeln. Das große Geld verdienten damit allerdings die Verleger. Der Verdienst der Weber war mehr als spärlich.

Gegen Ende der 1870er-Jahre schlitterte das Handwerk in eine tiefe Krise, von der es sich nie mehr erholen sollte. Die zunehmende Mechanisierung und Industrialisierung machten den Webern zu schaffen. Als Gegenbewegung schlossen sich die Handweber zu Genossenschaften mit jeweils 50 Mitgliedern zusammen, um eine angemessene Entlohnung und einheitliche Richtsätze durchzusetzen.

Das Breitenberger Webereimuseum wurde in einem alten bäuerlichen Anwesen eingerichtet. Foto: Frank Klein

Als nach 1945 die Aufträge der öffentlichen Hand ausblieben, stellten die genossenschaftlich organisierten Hausweber nur noch kunsthandwerkliche Arbeiten her. Das Aus für die Genossenschaften – in Breitenberg lösten sie sich 1965 und Ende des 20. Jahrhunderts in Wegscheid auf – bedeutete auch das Ende der Webtradition im „Wegscheider Land". Die Handweberei Moser ist in der Region heute eine Rarität.

Um dieses für den Unteren Bayerischen Wald so bedeutende Gewerbe vor dem Vergessenwerden zu bewahren, wurde 1983 beim Freizeitzentrum Gegenbach in einem alten bäuerlichen Anwesen das Breitenberger Webereimuseum eingerichtet. Neben wunderschön bemalten Bauern-

möbeln gibt es dort vor allem Geräte zur Flachsverarbeitung, Weberei, Färberei und zum Blaudruck zu sehen. Drei Bauernhäuser geben einen Einblick, wie die Menschen lebten, wohnten und am Webstuhl arbeiteten. Auf dem Museumsgelände werden Flachs und alte Getreidesorten angebaut. Unter dem Weber-Motto „Willst leben, muaßt weben" werden Führungen angeboten.

❖❖❖

**WEBEREIMUSEUM
BREITENBERG**

*Infos und Anmeldung:
Rathausplatz 3
94139 Breitenberg
Telefon: 0 85 84 / 96 18-0
info@breitenberg.de*

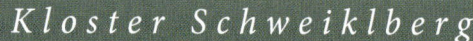

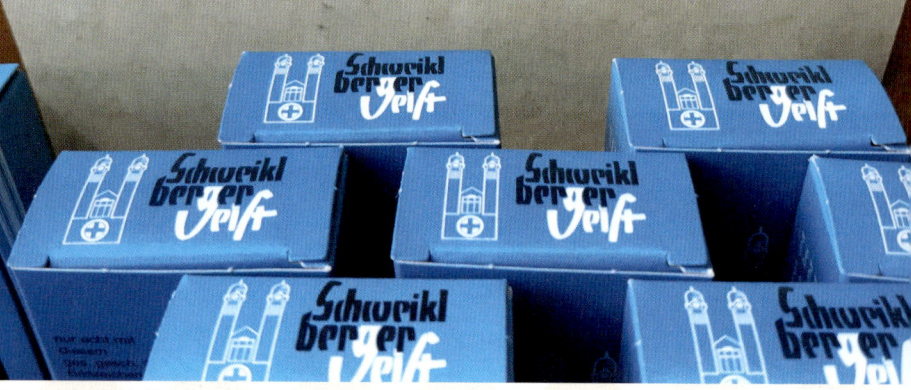

"Schon bei seinem Namen zittern
Ärzte um ihr täglich Brot;
Kranke, Krüppel leben jauchzend,
Und erschreckt flieht fort der Tod."

Foto: Christine Hochreiter

EIN KRÄUTERGEIST MIT LEGENDÄRER WIRKUNG

◆◆◆

*„Schon bei seinem Namen
zittern Ärzte um ihr täglich Brot"*

Am Rande der Stadt Vilshofen hoch über dem Fluss Vils thront die Benediktinerabtei Schweiklberg. Pater Prior Coelestin Maier aus St. Ottilien war 1905 mit fünf Brüdern auf das Schweiklgut gezogen, das eine wechselvolle Geschichte erlebte. Die Hauptaufgabe des Klosters bestand und besteht in der Ausbildung von Missionsbenediktinern. Rund 20 Brüder und Patres in Schweiklberg leben noch heute nach der Regel des heiligen Benedikt von Nursia aus dem 6. Jahrhundert. Gebet und Arbeit („Ora et labora") sind tragende Säulen des Klosterlebens. Überdies pflegen die Benediktiner Gastfreundschaft als „hohes und wertvolles Gut". Sie führen neben einer Realschule ein Gäste- und Tagungshaus sowie gewerbliche Betriebe.

Eine lange Tradition besitzt der Schweiklberger Kräutergeist. Seit 1922 wird das hochprozentige Destillat nach einer geheimen Rezeptur aus neun verschiedenen Kräutern und Gewürzen in den Klostergewölben hergestellt. Das Rezept hatte der damalige Abt Coelestin Maier einem Schnapsfabrikanten abgekauft, der nichts damit anzufangen wusste.

So wurde einmal für den Kräutergeist geworben. Foto: Kloster Schweiklberg

Der Schweiklberger Geist soll bei den unterschiedlichsten Befindlichkeitsstörungen helfen – innerlich unter anderem bei Kreislauf- oder Verdauungsbeschwerden, Husten und Heiserkeit sowie bei Schlafstörungen, äußerlich bei Muskelkater oder

Bruder Leo setzt mit der Geisterei eine Schweiklberger Klostertradition fort. Kenner schwören auf das hochprozentige Elixier: Es soll Linderung bei den unterschiedlichsten Beschwerden schaffen. Foto links: Christine Hochreiter, Foto rechts: Kloster Schweiklberg

Hexenschuss. „Ein bis drei Teelöffel auf Zucker, mit Wasser verdünnt oder in heißem Tee wirken schnell und wohltuend bei Übelkeit und Erschöpfung", heißt es in der Beschreibung. Auf Stirn und Schläfen verrieben wirke der Geist „erfrischend und wohltuend". Abt Coelestin soll das hochgeistige Produkt einmal so gerühmt haben: „Schon bei seinem Namen zittern Ärzte um ihr täglich Brot; Kranke, Krüppel leben jauchzend, und erschreckt flieht fort der Tod."

Rund 30 000 Fläschchen verlassen pro Jahr die Destillerie. Für die „Geisterei" ist Bruder Leo verantwortlich. Und das seit mehr als zwei Jahrzehnten. Für ihn kam diese Aufgabe damals sehr überraschend, weil er im Kloster zunächst andere Tätigkeiten innehatte. Er erlernte den Gärtnerberuf, legte die Meisterprüfung ab und war in der klostereigenen Gärtnerei tätig. Danach arbeitete er 16 Jahre lang in der Verwaltung – bis er die Frage stellte, ob es nicht sinnvoll sei, dass sich außer seinem Vorgänger Bruder Sales, der 40 Jahre lang den

Kräutergeist destillierte, noch ein anderer Bruder damit auskenne … Heute stellt Bruder Leo jährlich zwei- bis dreimal jeweils 950 Liter Schweiklberger Geist in 12 000 bis 13 000 Fläschchen her. Das „bewährte Hausmittel bei vielerlei Beschwerden" gibt es als Einzelflasche mit 65 Millilitern, als 2er-, 3er- oder auch als 6er-Packung. Um das Produkt wird inzwischen kein großes Geheimnis mehr gemacht. Die Kräuter und die Gewürze Muskat, Nelken, Zimt, Wacholder, Enzian, Kalmus und Ginseng werden gemahlen und dann zwei Wochen lang in fast 100-prozentigem Alkohol eingelegt. Aus Melisse und unbehandelten Zitronenschalen hergestellte Essenzen werden vor dem letzten Destillieren beigemischt. Das eigentliche „Brennen" dauert zwei Tage und Bruder Leo weiß nur allzu gut, wie genau man aufpassen muss, damit der „Schweiklberger Geist" exakt auf einen Alkoholgehalt von 77 Prozent kommt.

Erhältlich ist das Heilkräuterdestillat natürlich im Klosterladen neben weiteren Produkten aus den eigenen Betrieben wie Kerzen, Honig, Apfelsaft und Apfelmost oder Zwetschgenwasser; außerdem in Apotheken, Geschäften wie dem Klostergarten in Passau oder auch im Online-Shop.

Die Abtei Schweiklberg liegt am Europäischen Pilgerweg „Via Nova" und dem Donau-Radweg. In der Abteikirche finden täglich Gottesdienste statt. An den Klosterladen schließt sich das Klostercafé mit einer Sonnenterrasse an. Eine weitere Attraktion ist das Afrikamuseum. Die Sammlung umfasst seit den 1960er-Jahren zusammengetragene Kultgegenstände.

BENEDIKTINER-ABTEI SCHWEIKLBERG

94474 Vilshofen
Telefon: 0 85 41 / 209-183
geistbetrieb@schweiklberg.de

www.schweiklberg.de

Foto: Joschija Bauer

PASTA
IN ALLEN FARBEN

❖❖❖

und ein Pesto, das Elefanten erschreckt

Manchmal geben Zufälle dem Leben eine ganz neue Richtung. Bei Eva Sterl war es der Besuch einer Gastro-Messe. Dort blieb sie fasziniert vor einer Maschine stehen, aus der Rote-Bete-Nudeln quollen. Prompt kehrte sie mit einem solchen Gerät unter dem Arm zurück an ihre Wirkungsstätte, die Restauration am Rannasee bei Wegscheid. Und ahnte nicht, was sich aus diesem Kauf entwickeln sollte.

Die neue Maschine blieb nicht in einer Ecke stehen, sondern wurde sofort eifrig genutzt. Die gelernte Hotelfachfrau begann mit Teigwaren zu experimentieren, verwendete ungewöhnliche Zutaten und stellte ihr eigenes Pesto her. Nudeln mit Curcuma oder Champignons, mit Bier oder Basilikum, mit Kürbiskernen oder Kümmel –, natürlich auch mit Rote Bete – ihre Phantasie in puncto Pasta scheint unendlich. Das sprach sich schnell herum und bald kamen die Gäste nicht nur zum Essen, sondern wollten die Produkte mit nach Hause nehmen. Sterl setzte alles auf die Nudel-Karte, kündigte ihren Pachtvertrag und baute in einer ehemali-

Ob mit Äpfeln, Algen, Bier oder Basilikum – Eva Sterl gehen die Nudel-Ideen nicht aus. Foto: Eva Sterl/NudelneSterl

gen Konditorei eine eigene Produktion für Spirelli, Spaghetti und Co. auf. Der Laden öffnete im Dezember 2009 die Tür für die Kundschaft. Wer sich über schöne mit Liebe gemachte Lebensmittel freuen kann, dem geht im „NudelneSterl" das Herz auf. Hier gibt es Pasta in schier unzähligen Variationen – nicht nur was die Geschmäcker, sondern auch die Farben anbelangt: gelbe, orange, rote, schwarze, braune, grüne und neuerdings sogar auch blaue Nudeln. Bei denen hat die Chefin lange getüftelt, wie sie eine möglichst intensive Farbe hinbekommt. Mit der Spirulina-Alge ist es ihr geglückt.

Sogar süße Nudeln hat Eva Sterl kreiert – aus eigenen Bio-Äpfeln beispielsweise, mit Honig, Marzipan, Lebkuchen oder Orangen. Die Macherin sprudelt ständig vor neuen Nudel-Ideen. „Sonst wird mir langweilig", sagt sie und lacht. Alles, was im Garten wächst, ist für sie eine Inspiration. Die Zutaten werden frisch verarbeitet ohne künstliche Zusätze und Aromen. Das Grundrezept für ihre Nudeln ist Hartweizen- oder Dinkelgrieß plus Wasser, Eier sind nicht drin. Gut 90 Sorten gibt es mittlerweile in zwei Dutzend unterschiedlichen Formen. Die Verkaufsrenner sind die Geschmacksrichtungen Karotte-Petersilie, Steinpilz, scharfe Nudeln mit Chili und die „Dreierlei".

Längst sind auch (vegane, da ohne Käse) Pesto-Saucen zu ihrer Leidenschaft geworden. Auch dafür bedient sie

Mit Bildern und Rezepten macht die Rottalerin auf den Social-Media-Kanälen Appetit auf ihre Produkte. Foto: Eva Sterl/NudelneSterl

sich im eigenen Garten und komponiert Mischungen, denen sie und ihre Mama so nette Namen wie „blaues Zwieferl", „Knobl-Peter" oder „Elefantenschreck" geben. Warum sich Rüsseltiere vor Erdnüssen, Sonnenblumenöl, Cayennepfeffer und Meersalz ängstigen sollen, bleibt wohl ein Geheimnis der Sterls.

Die Manufaktur-Betreiberin stemmt das komplette Geschäft mit ihren Eltern und bis zu drei Helferinnen. Am Montag wird in der Regel produziert. Dann stehen die Sterls um drei Uhr früh auf und werkeln zwischen den vier Nudelmaschinen fast den ganzen Tag über. Danach ist das Lager wieder gut gefüllt und die Kundschaft hat die Qual der Wahl. Es kommen viele Urlauber, die ein Mitbringsel für die Daheimgebliebenen kaufen, aber auch viele Einheimische mögen die Produkte.

Überdies wird das Online-Geschäft immer wichtiger. Damit spricht Sterl vor allem die jüngere Klientel an und macht auf den Social-Media-Kanälen mit Bildern und Rezepten Appetit auf ihre Produkte. Die Rottalerin sucht jedoch noch auf einem anderen Weg die Nähe zum Kunden. Nach dem Motto „Wer nicht schreit, wird nicht gehört" fährt sie so manches Wochenende auf Märkte.

Wie treu Kunden sein können, zeigt ein Mann aus Ulm. Als er einen Radiobeitrag anlässlich der Neueröffnung über das NudelneSterl hörte, hat er sich auf den Weg nach Niederbayern gemacht und kommt seither jedes Jahr. Die Gründerin hat den folgenreichen Besuch der Messe jedenfalls nicht bereut: „Spätestens wenn die Nudeln aus den Maschinen rauszittern, weiß ich, dass ich alles richtig gemacht habe."

◆◆◆

NUDELNESTERL
Inhaber: Eva Sterl
Schwaimer Straße 5
94086 Bad i. R.
OT Karpfham
Telefon: 0 85 32 / 92 68 92
info@nudelnesterl.de
www.nudelnesterl.de

PIKANTER NUDEL-SALAT SÜSS-SAUER

von Eva Sterl (NudelneSterl)

ZUTATEN

250 g Cayennepfeffer-Nudeln, bissfest kochen, abschrecken

1 rote Zwiebel

7–10 Radieschen mit Radieschengrün

5 EL Ananasstücke aus der Dose (oder frische Ananas)

Pesto „Tom Bolo" oder rotes Pesto

Weißwein-Essig oder weißer Balsamico-Essig

Die Zwiebel, Radieschen, Radieschengrün und Ananas klein schnipseln und mit einer Prise Meersalz zu einer „Salsa" verarbeiten. 2–3 EL Pesto mit etwas heißem Wasser in extra Schälchen anrühren und quellen lassen. Da kommt dann noch Weißwein-Essig dazu. Den Pesto-Essig mit der Salsa über die gekochten Nudeln geben und alles vorsichtig unterheben.

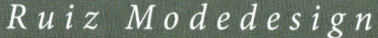

Foto: Ernesto H. Ruiz

VON MEXIKO ÜBER FINNLAND NACH PASSAU

❖❖❖

*Ernesto H. Ruiz entwirft und produziert
Taschen und Bekleidung inspiriert von der Natur*

Nur ein paar Stufen geht es hinunter in ein historisches Gewölbe. Auf der linken Seite steht eine alte Werkbank. Eine Öse hier, eine extra Tasche dort – der Designer Ernesto H. Ruiz zeigt, wie er seine wertig-chicen Taschen individualisieren kann. Weiter hinten baumeln luftig Mode-Musterstücke, eine steile Treppe führt in einen kleinen Weinkeller. Auf der Werkbank und auf einem Kaffee-Tischchen liegen Büchlein und Postkarten mit Modellen aus, die der Edelschneider bislang schon auf internationale Laufstege geschickt hat. In der Passauer Theresienstraße befindet sich der Showroom, hergestellt werden die edlen Ledertaschen und Rucksäcke, verschiedene Modeaccessoires sowie handgenähte Bekleidungs-Unikate im Atelier, das im Wohnhaus in Fürstenstein im Landkreis untergebracht ist.

Ernesto Ruiz hat einen spannenden und ganz schön weiten Weg hinter sich. In seiner Heimat Mexiko bekam er die Schneiderkunst und das Modedesign in die Wiege gelegt. Die Großeltern waren beide Schneider und in jungen Jahren machte sich der Amerikaner auf in die große europäische Designwelt. An der renommierten Modeschule „Marangoni" in London machte er seinen Bachelor und an der Centria ammattikorkeakoulu im finnischen Pietarsaari perfektionierte er sein Handwerk. Überdies spezialisierte er sich auf die Kunst der Leder- und Pelzverarbeitung. 2012 gründete er sein eigenes Modestudio. Er entwarf und fertigte als handgemachte Einzelstücke Pelzmäntel, Schuhe, Taschen und Haute

Handgenähte Unikate: gerne aus Leder;
Foto: Jan Sliva

Couture für Frauen und Männer und alle Anlässe – und wurde bereits im nächsten Jahr ausgezeichnet: 2013 wurde Ruiz zum „Jungen Designer des Jahres Finnlands" gekürt, was ihm auch die Tür zur Business-Welt öffnete. Mit seinem tschechischen Partner Jan Sliva lebt er in einer inspirierenden Gemeinschaft. Obwohl die beiden lange Zeit in Großstädten zu Hause waren, bevorzugen sie inzwischen die Weite der Natur und die Ruhe, die sie in Finnland kennengelernt und im Bayerischen Wald wiedergefunden haben. An Passau schätzen sie den allgegenwärtigen Geist der reichen Stadtgeschichte, die breite Palette an kulturellen Angeboten sowie die von der multikulturellen Uni-Jugend getragene frische Avantgarde.

Der Designer und der Naturschützer ergänzen sich perfekt: Jan kümmert sich als EU-Berater um Natur- und Umweltschutzthemen. In der Werkstatt und im Show-room passt er auf, dass alle Materialien, Stoffe und

An einer alten Werkbank zeigt der Designer, wie er seine Taschen individualisieren kann. Foto: Jan Sliva

Arbeitsschritte den hohen Nachhaltigkeitsanforderungen Rechnung tragen, und ist zuständig für Management, Buchhaltung und den „Papierkram" der Zwei-Mann-Manufaktur.

Ernesto indes kann sich ganz auf seine modische Kreativität konzentrieren und holt sich im Gegenzug neue Ideen bei ausgedehnten Ausflügen mit Jan in die Natur. Zwischen Moosen, Steinen und Blüten findet Ernesto so manche Optik, Form und Struktur, die er in seine Gestaltungsideen und Fashion-Modelle einfließen lässt. Seine ausgefallenen Einfälle prägen immer auch die Räume des Showrooms – Dackel aus Pappe in der Stadt des Dackelmuseums oder eine grüne Wand aus Geweihfarn in weißen Töpfen kommen so gut an, dass es Passauer gibt, die vorbeikommen, um die Deko zu bewundern – und zu fotografieren.

RUIZ MODEDESIGN

Theresienstraße 17
94032 Passau
Telefon: 01 76 / 58 48 22 07
info@ruiz-design.de
www.ruiz-design.de

Ein gutes Gespür für Menschen und Mode und das, was jemanden am besten kleidet, ist Ernestos großes Talent. Wer sich ein Kleidungsstück nach Maß entwerfen und schneidern lassen möchte, ist bei ihm an der richtigen Adresse. Alles geschieht aus einer Hand: vom Erstgespräch über die Skizze über das Modell bis zur Anprobe des Unikats. Für eine Strickmanufaktur in Thüringen hat er soeben eine eigene Kollektion entworfen. In der Nähe von Erfurt werden seine Entwürfe in Kleinserien produziert und auch im Passauer Showroom angeboten. Ruiz und Sliva sprechen bei ihren Produkten analog zu „Slow Food" von „Slow Fashion", langsamer Mode. Das kommt auch in der Fachwelt gut an: 2019 konnte Ruiz in Frankreich einen weiteren Jungdesigner-Wettbewerb für sich entscheiden.

Foto: Simona Kehl

VON DER BANKERIN ZUR DIRNDL-DESIGNERIN

Für Sandra Unholzer zählt nur die Liebe

Sandra Unholzer ist das beste Beispiel dafür, dass man mit konsequent gelebter Leidenschaft erfolgreich sein kann. Auch als sich direkt neben ihrer Dirndl-Manufaktur der Ableger einer großen Trachtenmoden-Kette einmietete, ließ sie sich nicht von ihrem Weg abbringen: Qualität statt Quantität, handgemachte statt industriell gefertigte Ware. Das Trachtengeschäft nebenan hat längst geschlossen, ihr Atelier Unsa gibt es immer noch.

Die Niederbayerin hat ein Motto. Es lautet: „Tu, was du liebst." Damit wagte sie den Sprung aus ihrer sicheren Anstellung bei einer Bank in die Selbstständigkeit. Ihre frühere Berufswahl „Bankkauffrau" nennt sie heute eine „Verirrung". Denn in Wirklichkeit war etwas ganz anderes schon immer ihr Ding. Bereits als Kind liebte sie es, etwas mit den Händen zu tun. Sie bastelte, häkelte, stickte und strickte und besuchte später Nähkurse. Sie entwarf und schneiderte ihre Kleider selbst – ein Talent, das auch ihr Umfeld entdeckte und für sich nutzte. Aus den Kleidern wurden Dirndl und weil sich ihre Schneider-Kunst, Akribie und Detailgenauigkeit immer weiter herumsprachen, wollten sich immer mehr Damen ein

Schneiderkunst in Perfektion: Die Niederbayerin liebt Details.
Fotos: Unsa Design

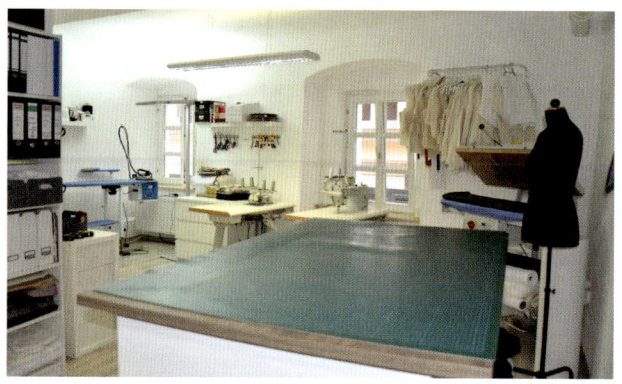

In diesem kleinen Atelier werden die Unsa-Dirndl Schritt für Schritt fertiggestellt – vom Zuschnitt bis zum Annähen der Knöpfe. Foto: Unsa Design

„Trachtengwand" von ihr fertigen lassen. In einem kleinen Zimmer war sie daheim mit der Näherei gestartet. Irgendwann breitete sie sich damit in der ganzen Wohnung aus.

Sandra Unholzer führte eine Zeit lang quasi ein Doppelleben: in der Bank und am Zeichentisch beziehungsweise an der Nähmaschine. Dass sie den Job endgültig an den Nagel hängte und sich für ihre Passion entschied, dafür gab das Buch „Tu was Du liebst – und Du musst nie wieder arbeiten" von Samuel Woitinski den Anstoß. Dann ging alles fast wie von selbst. Sie fand passende Räumlichkeiten und aus der Bankerin wurde eine Dirndl-Designerin.

Der zweistöckige Laden in der Passauer Theresienstraße eignet sich perfekt für ihr Business. Im Schaufenster unten machen ihre eleganten Hochzeitsdirndl Appetit auf mehr. Oben gibt es großzügig präsentiert einen Showroom für Bräute zu sehen – mit den dazu passenden Accessoires. Die meist weiblichen Kunden schätzen es, dass sie im ersten Stock bei den Anproben nicht im Schaufenster stehen.

Die Unsa-Dirndl (für jedes Alter und jede Figur) sind Unikate, werden also im Atelier im ersten Stock nur ein einziges Mal nach den ganz speziellen Kundenwünschen hergestellt. Und das geht so: Zunächst wählt die Kundin den Schnitt, dann den Oberstoff, die Knöpfe, die Schürze, das Schürzenband, die Borten und die Stickereien. Das individuelle Trachtenkleid wird immer konkreter. Wer sich bei Sandra Unholzer ein Dirndl auf den Leib schneidern lässt, kommt in der Regel zu vier bis fünf Anproben in das Atelier. Sie wird von einer Vollzeitnäherin unterstützt, die „genauso liebt, was sie macht" wie die Chefin. Und wenn sie will, kann die Kundin dabei zusehen, wie ihr Dirndl Schritt für Schritt fertiggestellt wird – vom Design über den Zuschnitt bis hin zum Annähen der Knöpfe. Die Kleidungsstücke werden Stich für Stich handgefertigt aus hochwertigen Stoffen und Materialien wie Baumwolle, (Halb-)Seide, Spitze, Samt oder Loden. Diese stammen vorwiegend aus deutschen und österreichischen Manufakturen. Braut- und Festtagsdirndl sind ein wichtiges Aushängeschild der Trachtendesignerin. Ob anlässlich einer Hochzeit oder einer anderen Festivität – nicht selten wird auch das Outfit der Partner, etwa durch ein Gilet, passend gemacht. Am weitesten gereist dürfte ein Taufkleid sein, das eine Brasilianerin für ihre Enkelin gekauft hat. Eine Kundin ließ sich in Passau das Outfit für die Hochzeit auf einem spanischen Landgut schneidern. Inzwischen kommen viele über Mund-zu-Mund-Propaganda zu ihr oder schließen ihre Fotos auf den sozialen Netzwerken ins Herz. Apropos Herz: Irgendwie ist Unholzer in jedes ihrer Dirndl ein bisschen verliebt – und würde es am liebsten behalten.

UNSA DESIGN

Sandra Unholzer
Theresienstraße 9
94032 Passau
Tel. 08 51 / 96 62 74 55
sandra.unholzer@unsa-design.de
www.unsa-design.de

Foto: Privatrösterei Bögl

WENN KUNDEN ZU FREUNDEN WERDEN

❖❖❖

Ein Jungunternehmer geht beim
Thema Nachhaltigkeit neue Wege

Alex Schander hat sein Glück gefunden, genauer gesagt sein Kaffee-Glück. Dass der junge Mann einmal Chef einer kleinen Rösterei sein wird, war so nicht absehbar. Nach der Mittleren Reife begann er eine Ausbildung zum Bankkaufmann und blieb dem Geldinstitut 16 Jahre lang treu – tat, „was ein Banker halt so tut" –, bis er eines Tages überraschend die Gelegenheit bekam, die Bögl Rösterei zu übernehmen.

Und das kam so: Volkmar Lorenz, der Vater eines Freundes und damals bereits in Rente, hatte das Geschäft von Firmengründer Bögl übernommen. Mit den Jahren fiel ihm das Schleppen der Säcke, von denen jeder einzelne 70 Kilo Bohnen enthält, immer schwerer. Schander packte in seiner Freizeit öfter mal mit an und unterstützte Lorenz. Der gesamte Röst-Prozess zog ihn immer mehr in den Bann und als sein Lehrmeister nicht mehr weitermachen wollte, übernahm er die Manufaktur. Das bedeutete über Jahre hinweg lange Tage beziehungsweise Nächte: tagsüber in der Bank und danach in der Rösterei.

Beim Kaffeerösten sind handwerkliches Geschick und Gespür erforderlich.
Foto: Rottaler Gsichter

Inzwischen hat der Simbacher der Bank den Rücken gekehrt. Für ihn war es eine „Fügung", den längst nicht mehr froh machenden Beruf an den Nagel zu hängen und etwas zu tun, das ihm wirklich Freude bereitet. Beim Kaffeerösten ist viel handwerkliches Geschick gefragt, aber auch ein Gespür, das sich mit der Erfahrung entwickelt. Jede Bohne hat ihre Eigenheiten – Temperatur und Timing sind zwei wichtige Parameter, um eine hohe Qualität zu erzielen, wie Schander sagt:

Alex Schander hat im Rottal sein Kaffee-Glück gefunden. Foto: Privatrösterei Bögl

„Kaffeerösten ist viel mehr als ‚oben kommen die Bohnen grün rein und unten braun wieder raus‘." Ein Röstvorgang dauert etwa eine Viertelstunde – weitaus länger als Industriekaffee, der im Schockverfahren innerhalb weniger Minuten „fertig" ist. 15 Kilo Rohbohnen röstet Schander pro Charge: „Durch die schonende Trommelröstung und vor allem durch das langsame Reifen entfalten sich die mehr als 700 aromatischen Substanzen der Kaffeebohnen. Ich achte darauf, meine Lagerzeiten so kurz wie möglich zu halten und röste täglich frisch nach dem Bedarf meiner Kunden." Am Anfang habe er große Angst gehabt, dass die Stammkunden mit der Qualität nicht mehr zufrieden sind, berichtet er freimütig. Doch offensichtlich hat er alles richtig gemacht. Denn sie blieben ihm treu und er gewinnt laufend neue Kaffeegenießer hinzu. Apropos Qualität: Bei Schander kommen ausschließlich Spitzenbohnen von kleineren Kaffeebauern in die Tüte – unter anderem aus Costa Rica, Äthiopien, Kolumbien, Indien und Nicaragua.

In der Rösterei in Friedlöd lagert die Rohware in Jutesäcken, hier steht auch der 60 Jahre alte gusseiserne Trommelröster. Das Mischen so genannter Blends, das Verpacken der Kaffees sowie die Vorbereitungen zum Versand nach ganz Deutschland und Österreich finden im Privathaus statt. Beim Abpacken bekommt Schander Unterstützung durch seine Mutter. Er hat ein Faible für alte Maschinen, er mag die größtmögliche Absenz von Bildschirmarbeit, die Gerüche, die Haptik, die Logik und die ritualisierten Abläufe des Kaffeeröstens. Und er liebt die Abwechslung: die vielen interessanten Menschen, die er kennenlernt, die Netzwerke von Kleinunternehmern, die auch mal verrückte Ideen haben – wie Kaffeeyoga oder eine Kaffeewanderung mit Alpakas. Und es freut ihn besonders, wenn Kunden zu Freunden werden.

Viele Male fließen die Kaffeebohnen durch Schanders Hände, bevor sie sich auf den Weg zum Kunden machen. Die rufen vorher an und kommen vorbei oder ordern online. Im Umkreis von etwa 30 bis 35 Kilometern liefert er sogar turnusmäßig müllfrei in Büros, Cafés und Restaurants. Dafür hat er sich wiederverwendbare Behälter angeschafft.

Dem Jungunternehmer ist es generell wichtig, so umweltfreundlich und nachhaltig wie möglich zu wirtschaften. Daher verkauft er seinen Kaffee auch in Kraftpapiertüten.

2021 ist die 1991 in Passau gegründete Marke Bögl 30 Jahre alt – und wenn es nach Alex Schander geht, dann bleibt sie noch lange fortbestehen.

PRIVATRÖSTEREI BÖGL

Alex Schander
Friedlöd 4
84384 Wittibreut
Telefon: 01 51 / 25 33 33 50
boegl-kaffee@gmx.de
www.boegl-kaffee.de

Foto: privat

MEHRARMIGE KERZEN UND FIRSTGOCKEL ODER ANDERES DACHGETIER

Ein kreatives Ehepaar teilt die Liebe zu handgemachten Dingen

Mit Bienen fing alles an: Seit seinem 18. Lebensjahr ist der gelernte Landschaftsgärtner Gernot Richter-Pöhlmann als Imker aktiv und ließ sich irgendwann von einer Montessori-Kindergärtnerin zeigen, wie man aus Wachs Kerzen herstellt. Die Kerzenzieherei perfektionierte der gebürtige Oberbayer immer weiter und verkaufte seine wohlriechenden Lichtspender auf dem Schwabinger Weihnachtsmarkt. Die kamen (nicht nur für den Adventskranz oder Christbaum) so gut an, dass er daraus ein Geschäft machte und Kunsthandwerker wurde.

Seit über 30 Jahren lebt Richter-Pöhlmann nun in Niederbayern und betreibt mit seiner Frau, der Keramikerin Carola Pöhlmann, ein Doppelatelier: „Wir ergänzen uns wunderbar", sagt der Fachmann für handgemachte Bienenwachskerzen. Das Rohwachs bezieht er von Imkerkollegen aus der Region. „Es ist ohne jegliche Beimischung und wird ohne künstliche Aromastoffe verarbeitet." Weil Kunden sich auch weiße Kerzen wünschten, haben die beiden sie in ihr Sortiment aufgenommen. Sie werden mit aus Deutschland stammendem Paraffin und zehn Prozent niederbayerischem Bienenwachsanteil hergestellt. In seiner Kerzenwerkstatt macht

Eine besondere Handwerkskunst: Gernot Richter-Pöhlmann hat sich auf Kerzen mit zwei oder drei Armen spezialisiert. Foto: privat

Carola Pöhlmann modelliert auf ihrer Seite des Ateliers Figuren für den Dachfirst. Foto: privat

der Wahl-Niederbayer etwas ganz Besonderes: mehrarmige Kerzen in reiner Handarbeit. Mit dieser Nische dürfte die Manufaktur ein Alleinstellungsmerkmal deutschlandweit innehaben. Auch handgezogene Christbaumkerzen gebe es kaum noch, sagt der Imker. Die mehrarmigen Kerzen münden immer in einem einzelnen Docht. Dabei brennen sie sehr lange und ohne sich gegenseitig abzuschmelzen – „durch eine sorgsame Dochtwahl bis zum Ende tropffrei".

Die Produkte haben die Eheleute „Brauchtumskerzen" genannt, weil sie von der Kundschaft oft für besondere Anlässe gekauft werden. So wird die zweiarmige Kerze beispielsweise gerne bei Hochzeiten verwendet als leuchtendes Symbol für zwei Menschen, die zueinander gefunden haben. In Bayern gebe es auch den Brauch, an Silvester zwei Kerzen nacheinander anzuzünden, die erste, um das alte Jahr gedanklich abzuschließen, die zweite kurz nach Mitternacht, um das neue Jahr mit guten Wünschen anzufangen. Dreiarmige Leuchterkerzen kennt man vor allem aus schwedischen Kinderbüchern oder Filmen. Und dann gibt es auch noch griechische Kirchenkerzen. Sie sind aus reinem Bienenwachs gefertigt, nur etwa bleistiftstark und über 50 Zentimeter lang. Zur „Ziehzeit" der Bienenwachskerzen in den Monaten vor Weihnachten wabert ein betörender Duft durch die Manufaktur. In den warmen Monaten ist das unmöglich, weil man sich vor Bienen sonst kaum retten kann, die auf diesen Geruch fliegen. Richter-Pöhlmann legt Wert auf die Feststellung, dass industriell gefertigte Bienenwachskerzen in der Regel nacharomatisiert würden. Sechs Edelstahltöpfe dienen als voluminöse Ziehpötte. Doch zuvor muss das zum Teil in Blöcken gelieferte Bienenwachs gereinigt werden. In Triftern geschieht das nicht wie bei der Massenfertigung in einer Zentrifuge („da geht der natürliche Duft verloren"), sondern in alten Sieben, die mit Nylonstrümpfen ausgelegt sind, die mit Wäscheklammern befestigt wurden. Das Wachs wird vorgeschmolzen und durch die Siebe gefiltert. Das Wichtigste an dieser Methode: „Alle Inhaltsstoffe, die den natürlichen feinen, reinen Duft ausmachen, bleiben erhalten", so der passionierte Imker.

Carola Pöhlmann unterstützt ihren Mann, stellt sozusagen als verbindendes Element zwischen Kerzen und Keramik Leuchter her, hat sich aber auf etwas Eigenes spezialisiert. Sie fertigt Figuren für den Dachfirst. Die Figuren werden nicht gegossen, sondern von Hand modelliert. Dadurch ist jedes Exemplar ein Unikat und individuell abänderbar. Vom Waschbär über einen geschuppten Drachen, einen Raben bis hin zu einem Koch hat sie in ihrer Werkstatt für außergewöhnlichen Dachschmuck schon alles Mögliche gefertigt. In der Region am meisten gefragt ist aber der Firstgockel, der traditionell als Glücksbringer und Behüter des Hauses gilt.

◆—◆◆—◆

BRAUCHTUMSKERZEN UND KERAMIKATELIER RICHTER-PÖHLMANN

Reichenwallner Str. 6
84371 Triftern
Telefon: 0 85 62/9 62 31 31
info@brauchtumskerzen.de
info@firstgockel.de
www.brauchtumskerzen.de
www.firstgockel.de

Foto: Annette Sandner

VEREDELTE BUTTER-KREATIONEN AUS DEM BAYERWALD

In der Regener Genuss-Manufaktur läuft es quasi wie geschmiert

Es waren einmal ein Bayer und ein Brasilianer, die die Leidenschaft für gutes Essen teilten. Sie lernten sich 2011 in der französischen Gastronomiemetropole Lyon kennen, leben und arbeiten aber inzwischen in Niederbayern. Dabei liebt der gebürtige Regener Moritz Oswald eigentlich Großstädte über alles: Er weilte längere Zeit in Paris, Shanghai und Wien und „hätte nie gedacht, dass es mich eines Tages wieder in die Heimat verschlägt".

In Regen beschäftigt er sich jetzt mit Partner Fabio Cestari de Mesquita mit der Verfeinerung von Butter. Während ihrer Wiener Zeit beschlossen die beiden, sich nach vielen Jahren in der Gastronomie und Hotellerie selbstständig zu machen, und wollten eigentlich ein Restaurant in München eröffnen. Doch weil ihnen das zu lange dauerte und ein „Wahnsinnsinvestment" bedeutet hätte, kamen sie bei einer längeren Autofahrt irgendwie auf die Idee mit der Butter.

Oswald: „Uns ist gutes Essen mit guten Zutaten sehr wichtig und wir haben die Wertschätzung der französischen Küche für Butter übernommen." Dort wird Butter noch öfter nach traditioneller Art im Butterfass hergestellt.

Mit Hilfe einer Knetmaschine aus Frankreich wird die Butter nussiger und cremiger. Fotos: Butter Boyz

Die Butter aus dem Bayerwald gibt es in vielen Geschmacksvarianten und auch in unterschiedlichen Formen. Foto: Butter Boyz

Während ihrer Ausbildung bei Starkoch Paul Bocuse hatten die zwei das Glück, „die beste französische Butter zu probieren". Der einzigartige Geschmack und die Textur dieser Butter blieben auch Jahre später noch auf der Zunge und im Kopf präsent, und sie wollten ein solches Produkt unbedingt nach Deutschland bringen. So forschten sie intensiv, was die französische Butter besonders cremig macht, und recherchierten, dass der „Butter-Papst" Jean-Yves Bordier aus Saint Malo auf die alte Kunst des Butterknetens und –salzens vertraut. Eine Butterknetmaschine musste her, doch in Wien war keine Schreinerei bereit, ihnen eine zu bauen. Schließlich wurden sie auf Ebay fündig und holten das renovierungsbedürftige Ding aus dem 19. Jahrhundert persönlich in Paris ab. Sie kündigten ihre Jobs in Wien, mieteten sich in Regen in einer alten leeren Metzgerei ein und machten die Maschine funktionstauglich. Der Bayer und der Brasilianer nannten sich „Butter Boyz" und gründeten ein eigenes Unternehmen.

Bis sie mit den Produkten zufrieden waren, dauerte es etwa ein halbes Jahr. Dann fuhren sie persönlich in Bayerns Sterne-Restaurants und lieferten Butter-Proben ab. Die erste Mischung sollte ein Anklang an Bayern und Bier sein. Dazu wurden Hopfen und Malz geschrotet und gemahlen und in die Rohbutter gemischt. Diese –

eine traditionell hergestellte Biosauerrahm-Fassbutter – beziehen sie von einer Molkerei aus dem Allgäu. Die Hauptveredelung erfolgt durch den Holzkontakt und das Kneten, durch das Sauerstoff zugeführt wird. Dadurch wird die Butter nussiger und cremiger. Nach dem Salzen wird sie 24 Stunden stehen gelassen und erneut geknetet. Das Salz zieht Wasser aus der Butter. Dadurch wird diese nochmals geschmeidiger.

Bei der Edelgastronomie kamen die Butterkreationen aus dem Bayerwald – darunter auch Honig/Senf, Feige/Anis und Steinpilz – so gut an, dass die Gründer zuversichtlich in die Zukunft blickten. Das war vor etwa zwei Jahren und seither läuft das Geschäft quasi wie geschmiert. Inzwischen verschicken die Boyz ihre Butter sogar nach England (mit Kaviar) oder Portugal und können auf das Netzwerk der Küchenchefs vertrauen. Und so geht denn auch der Großteil der Produkte an die gehobene Gastronomie. Und die beiden ersinnen immer wieder neue Geschmackskombinationen wie beispielsweise Mohn/Zitrone, Orange/Wacholder, Fichtenspitzen, Chili/Röstzwiebel, Bourbonvanille mit Salz oder Rote Bete.

Die veredelte Butter schmeckt pur am allerbesten zu frischem Brot, aber auch zum Kochen eignet sie sich je nach Geschmack vortrefflich. Die Form können sich die Kunden individuell wünschen.

Die Metzgerei war schnell zu klein geworden und nach mehrmaligen Umzügen in der Region sind die Butter Boyz wieder in Regen gelandet. Dort betreiben sie eine Gläserne Genuss-Manufaktur mit Verkaufsraum.

BUTTER BOYZ

Stadtplatz 21
94209 Regen
Telefon: 01 60 / 95 25 79 40
info@butterboyz.de
www.butterboyz.de

Foto: privat

„VOM WOID IN DE WEJD"

*Innovative und individuelle
Verpackungen aus heimischen Hölzern*

Er liebt Holz – und so gut wie alles, was sich daraus machen lässt. Daher heißt sein Unternehmen auch „Holz.Lieb.Ich". Die Übernahme einer Firma im Bayerischen Wald führte Dr. Thomas Koy zurück zu familiären Wurzeln: Sein Großvater hatte in den 1920er-Jahren in Niederschlesien Holzartikel gefertigt. Als der in internationalen Unternehmen tätige Manager das ständige Unterwegssein leid war, ergab sich die Möglichkeit, in Regen die Max Liebich Holzwarenfabrik zu kaufen. 2010 entschloss er sich zu diesem Schritt und machte in nur wenigen Jahren aus einem Hersteller traditioneller Standard-Holzverpackungen ein niederbayerisches Zukunftsunternehmen, das in 35 Länder exportiert. Die konsequente Ausrichtung auf innovative und individuelle Verpackungen aus heimischen Hölzern wurde 2011 vom Niederbayern-Forum e.V. mit der Auszeichnung als TOP-Unternehmen gewürdigt.

Der Firmensitz ist seit 2016 Zwiesel. Dort errichtete der gebürtige Berliner das größte Massivholzbauwerk Bayerns für seine „Holzmanufaktur". Koy: „Mit dem Begriff Manufaktur stellen wir die in Jahrzehnten gewonnenen handwerklichen Fähigkeiten unserer Schreiner und Holzfacharbeiter heraus." Für seine Produkte verwendet Koy fast ausschließlich (95 Prozent) zertifizierte Massivhölzer aus dem Bayerischen Wald, der Rest kommt aus Bayern. „Vom Woid in de Wejd" – unter diesem Motto bringt er seine Wald- und Holzliebe zum Ausdruck und legt ein Bekenntnis zu seiner neuen Heimat ab. Der Bayeri-

Bei Dr. Thomas Koy sind immer wieder Fernsehteams (hier ProSieben für „Welt der Wunder") zu Gast, die sich für die Firma begeistern. Foto: privat

sche Wald als größtes zusammenhängendes Waldgebiet Mitteleuropas und dessen Holz ist für ihn ein schlagendes Alleinstellungsargument. Doch es bleibt nicht nur bei einem Slogan, sondern es gibt eine konkrete Verpflichtung: Die Waldbesitzer und Sägewerke müssen bei jeder Lieferung die Herkunft der Bäume nachweisen. Dank Google Earth können die Kunden genau die Waldstücke orten, in denen die Hölzer jahrzehntelang nachhaltig gehegt wurden. Dieses Geotracking kommt bei der weltweiten Kundschaft hervorragend an.

Koy hat beruflich wie privat in der Region rasch Wurzeln geschlagen und ist inzwischen bestens vernetzt. 2013 wurde er vom Niederbayern-Forum zum „Botschafter Niederbayerns" ernannt. Sein internationaler Background hilft ihm dabei auch immer wieder, Probleme wie den eklatanten Fachkräftemangel kreativ zu lösen. 2013 stellte er mit einer Ausnahmegenehmigung

Edle Holzprodukte wie Barschränke gehören zum Portfolio „made by Liebich". Foto: privat

den ersten Asylbewerber ein. Inzwischen beschäftigt die Holzmanufaktur Liebich Menschen aus elf verschiedenen Nationen. Außerdem hat Koy auch durch die Teilung von Arbeitsplätzen den Frauenanteil erhöht.

Holzverpackungen aus dem Hause Liebich sind nicht einfach nur eine Verpackung. Mit seinen kreativen Premium-Verpackungen „made in Bavaria" will der Manufaktur-Inhaber eine Geschichte über das verpackte Produkt erzählen und dem Käufer einen Zweitnutzen anbieten. Ob für Zigarren, Weine, Seifen, Pralinen oder Krawatten – jeden Monat werden in der Musterschreinerei proaktiv oder im Kundenauftrag fünf bis acht neue Verpackungsvorschläge entwickelt. Rund 100 sind es im Jahr. In Verbindung mit Glas, Blech, Porzellan, Leder oder sogar Granit entstehen einzigartige Verpackungen aus Holz, die ganz im Sinne von Nachhaltigkeit ein eigenes Produkt und keinen Wegwerfartikel darstellen. Bis zu 36 Arbeitsschritte sind notwendig, um eine Verpackung zu fertigen. Mindestens 28 Paar Hände begleiten den Weg des Holzes durch die Produktionshallen.

Mit dem regionalen Fokus, permanenter Innovation und einem hohen Anteil an Handschöpfung hat Koy seine Manufaktur in einer Nische komfortabel eingerichtet. Dies ermöglicht es ihm, rund 50 Arbeitsplätze in einer Branche zu halten, die unter hartem Preisdruck steht. Seit mehreren Jahren engagiert er sich als Beirat im Verband Deutscher Manufakturen, wurde 2020 zum 2. Vorstand gewählt. Im Übrigen werden auch Klassiker der Vorgängerfirma bewahrt: Im Werksverkauf sind mehr als 200 verschiedene Holzartikel als Standardware erhältlich.

HOLZMANUFAKTUR LIEBICH GMBH

Fürhaupten 33b
94227 Zwiesel
Telefon: 0 99 22 / 50 30 10
info@liebich-holz.de
www.liebich-holz.de

DER VERBANDS-VORSTAND

Fünf Fragen an Dr. Thomas Koy

Sie engagieren sich im Verband Deutsche Manufakturen e. V. - seit 2020 sogar als dessen 2. Vorsitzender. Was ist Ihre Motivation?

In unserem Verband sind so viele tolle inhabergeführte Unternehmen vertreten. In zum Teil zweiter, dritter, vierter Generation werden hier in traditionellen Fertigungsprozessen langlebige Produkte manifestiert. In den unterschiedlichen Branchen fehlt aber oft die Kenntnis über die anderen. Es bereitet mir Freude zu vernetzen und gemeinsame Konzepte zu entwickeln.

Die Produktionsform Manufaktur eignet sich nicht für die Mas-senfertigung. Wo sehen Sie deren Stärke?

„Manu facere", von Hand arbeiten ... In unserer industrialisierten Welt kann der Roboter nicht ersetzen, was über Generationen per Hand weitergegeben wurde. Automatisierung von monotonen Handarbeitsplätzen, wo es um standardisierte Teilfertigungen geht, ja. Aber der Mensch wird eine Kleinserie, eine Individualproduktion, abwechslungsreiche Dekorationen, innovative Beschichtungen, intelligente Verknüpfungen, abwechslungsreiche Verbindungen immer mit seinen Augen sehen und seinem Gehirn verstehen, was die Maschine nicht kann.

Sie selbst sind Inhaber-Geschäftsführer der Holzmanufaktur Liebich. Was macht für Sie den Namen „Manufaktur" so kostbar?

Eine jahrhundertealte Tradition, die es zu bewahren gilt, die wir in der globalen Welt aber auch weiterentwickeln müssen, damit die Nische besetzt bleibt, damit das Alleinstellungsmerkmal nicht nur von der Vergangenheit, sondern in der Zukunft lebt.

Ist es schwer, den Wert von Handarbeit zu vermitteln?

Absolut! Bei Führungen erlebe ich immer wieder, wie erstaunt unsere Gäste sind, wie viel Handarbeit in einer „bloßen Holzverpackung" steckt. Ich habe meinen Laptop längst durch zwei große Reisekoffer ersetzt, wenn ich zu Kunden- und Projektgesprächen fahre. Der ersten Überraschung im Meeting folgt dann aber immer die Begeisterung, wenn ich aus den Koffern die unterschiedlichsten, handgefertigten Produkte hole.

Schätzen Sie privat auch Handgemachtes?

Privatbrauerei statt Konzernbier, handgelesener Wein aus interessanten Lagen statt abgefülltes Produkt aus Stahltanks, innovativer Digestif statt Massenspirituose – und ich liebe es, am Samstagmorgen auf den Zwieseler Wochenmarkt zu gehen: Brot aus der Familienbäckerei, Wurst vom heimischen Metzger, Gemüse aus der Region, Fisch frisch geräuchert – auch das ist für mich handgemachte Wertarbeit.

Foto: privat

❖❖❖

DR. THOMAS KOY

Der gebürtige Berliner Dr. Thomas Koy ist Inhaber und Geschäftsführer des traditionsreichen Holzverpackungsherstellers Liebich in Zwiesel (zuvor Regen). Der promovierte Journalist war lange Zeit als Manager in der Getränkeindustrie tätig – zuletzt als „European Director Innovation" für einen US-Konzern in Lausanne, bevor er Holz-Liebich kaufte.

Foto: Toni Scholz

HISTORIE TRIFFT ZUKUNFTSWEISENDE MODERNITÄT

*In Frauenau werden Design und
Handwerk zusammengeführt*

Was für eine Historie. Und welch eine Modernität. Seit 1568 gibt es das Familienunternehmen Poschinger bereits. Damals übernahm ein gewisser Joachim Poschinger das Glashüttengut Zadlershütte in Zwieselau bei Frauenau. Damit legte er den Grundstein für eine seit Jahrhunderten während Tradition. In dieser Form ist die Glasmanufaktur die weltweit älteste ihrer Art, von ihrer Ausrichtung und Produktpalette her ist sie jedoch alles andere als antiquiert. Benedikt Freiherr Poschinger von Frauenau führt das Glasunternehmen in der 15. Generation. Durch Weitblick und regionale Verwurzelung hat er es zukunftsfest gemacht. In die zerbrechliche Branche ist er „von klein auf hineingewachsen", wie er erzählt. Die Atmosphäre in der Ofenhalle zog ihn schon als Bub in den Bann. Aber eigentlich habe er sich „praktisch immer schon für alles rund um das Glasmachen und den Werkstoff Glas interessiert".

Während andere Glashütten ringsherum keine Antwort auf den Preisdruck aus Billiglohnländern und das veränderte Verbraucherverhalten fanden, hat er die Freiherr von Poschinger Glasmanufaktur in einer hochwertigen Nische eingerichtet. Längst setzt man in Frauenau nicht mehr auf Gebrauchsgegenstände wie Gläser, Krüge, Vasen oder Schalen für den Facheinzelhandel, sondern konzentriert sich auf Sonder- und Spezialanfertigungen sowie die Fertigung kleiner und größerer Serien. Dazu arbeitet Poschinger mit renommierten Künstlern, Architekten und

Der Beistelltisch „Bell Table" gilt längst als Designikone. Foto: Classicon GmbH

Designern zusammen. Oft geht es zunächst um die gemeinsame Entwicklung von Prototypen, die als Auftragsarbeit umgesetzt werden, bisweilen um „verrückte Ideen und außergewöhnliche Konzepte". Nicht selten sind die Prototypen aber die Plattform für mehr, manchmal bleiben sie aber Einzelstücke. „Ich liebe es, Design und Handwerk zusammenzuführen", sagt der Manufaktur-Inhaber. Glas sei ein besonderer Werkstoff mit einzigartigen Eigenschaften und speziellen Herausforderungen. Dies gelte gerade für mundgeblasenes Glas. Poschinger: „Wir haben den Ehrgeiz, für jedes gläserne Problem die passende Lösung zu finden." Und das für Kunden weltweit. Aus Saudi-Arabien etwa kam ein Auftrag für großvolumige Duftholzgefäße mit Herrscherwappen und Goldrand. Der Manufaktur-Inhaber freut sich über den global guten Ruf, den seine edlen Glasprodukte genießen. In Frauenau werden die Farben – es sind rund 20 verschiedene – noch nach eigenen Rezepturen vor Ort geschmolzen, dies bedeutet auch in

Trinkkultur par excellence: Die Tafelgläser mit den leuchtend rubinroten Hohlstielen wurden 1901 von Peter Behrens entworfen.
Foto: Sepp Eder

puncto Brillanz und Individualität ein Qualitäts- und Alleinstellungsmerkmal.

In der Regel werden eher größere Objekte hergestellt, die in den Objektbereichen Architektur, Interior, Licht oder auch Denkmalschutz zum Einsatz kommen. Ein Highlight ist der „Bell Table" – ein Beistelltisch, der zur Designikone geworden ist. Sebastian Herkner hat für das Münchner Unternehmen Classi-Con den gewohnten Umgang mit Materialien auf den Kopf gestellt: Der farbig-transparente mundgeblasene Tischfuß aus Glas made im Bayerwald verhilft dem Metallaufsatz mit runder Platte aus lackiertem Kristallglas zu schwebender Leichtigkeit. Jeder Tisch ist handgefertigt.

Etwa 30 Mitarbeiter sind Feuer und Flamme für die Poschinger-Philosophie – und für all die neuen Produkte. Die Arbeit rund um den Glasofen, das 1200 Grad heiße Herz der Manufaktur, verlangt den Beschäftigten auch körperlich einiges ab. So wiegt der Sockel des „Bell Table" schon an der Glasmacherpfeife 13 Kilo. All die gläsernen Unikate entstehen – von Hand – in vielen einzelnen präzisen Arbeitsschritten – von der Anfertigung einer ersten Skizze über das Fräsen der Holzform, in die das heiße Glas eingeblasen wird, dem Abkühlprozess und der Nachbearbeitung bis hin zur Veredelung durch Schleifen, Gravieren, Bemalen, Bedrucken oder Sandstrahlen.

Die Manufaktur wurde mehrfach ausgezeichnet. Sie gewann unter anderem den „Dineus 2019" – den großen Preis der Tischkultur. 2020 bekam sie für zwei ihrer Trinkglasserien den „German Design Award" verliehen.

FREIHERR VON POSCHINGER GLASMANUFAKTUR

Moosauhütte 14
94258 Frauenau
Telefon: 0 99 26 / 9 40 10
info@poschinger.de
www.poschinger.de

BENEDIKT FREIHERR VON POSCHINGER

Der Niederbayer betreibt die älteste Glashütte Deutschlands mit der längsten Familientradition der Welt

Was bedeutet es Ihnen, in 15. Generation ein Familienunternehmen mit einer so faszinierenden Geschichte zu führen?

Für mich bedeutet es Verantwortung und Herausforderung zugleich. Wenn man ein solches Unternehmen erfolgreich leiten möchte, darf man sich allerdings nicht von der langen Tradition erdrücken lassen. Die Historie der Freiherr von Poschinger Glasmanufaktur ist aber auch ein Ansporn: Wenn ich daran denke, welche schwierigen Situationen meine Vorfahren in all den Jahrhunderten gemeistert haben, welche weltgeschichtlichen Umwälzungen, gar Kriege, sie bewältigt haben, macht mich das stolz und es macht mir Mut, dass es auch mir gelingen wird, für meine Zeit die passenden Schlüsse zu ziehen. Es gilt, die entsprechenden Antworten und Strategien zu finden, um die Manufaktur gut für die Zukunft aufzustellen und entsprechend weiterzuentwickeln.

*Sie leben den Manufaktur-Ge-
danken mit großer Leidenschaft.
Was bedeutet das für Sie ganz
konkret?*

Eine Manufaktur zu führen,
ist für mich etwas ganz Spezielles. Ich freue mich sehr, dass
Handgemachtes derzeit wieder
einen Aufschwung, ein Revival,
erlebt, dass die Wertschätzung
für handgefertigte Produkte
wieder gestiegen ist. Es gibt wieder mehr Menschen, die Wert
auf etwas Beständiges legen, die
lieber mehr Geld für etwas Gutes ausgeben als für Dinge, die
preisgünstig sind und häufig
ausgetauscht werden. Ich schätze den Regionalbezug einer Manufaktur, die Verwurzelung in
der Heimat, die übersichtliche
Firmengröße und die lange Tradition dieser Art des Wirtschaf-
tens.

*Benedikt Freiherr von Poschinger führt
in Frauenau neben einer traditionsreichen Glasmanufaktur auch eine
Edelbrandmanufaktur.* Foto: Toni Scholz

*Sie sind Mitglied im Verband
Deutsche Manufakturen. Welche
Rolle spielt diese Zugehörigkeit für
Sie?*

Man lernt viele spannende
Unternehmen kennen und es
gibt einen wunderbar inspirierenden Austausch mit Kollegen
aus unterschiedlichen Branchen, der einen immer wieder
auf neue Ideen bringt. Wir tun

*Die formschönen mundgeblasenen
Flaschen werden von Hand versiegelt.*
Foto: Sepp Eder

alle verschiedene Dinge, stehen aber vor ähnlichen Herausforderungen. Wir haben in Frauenau beispielsweise vor einiger Zeit ein neues Warenwirtschaftsprogramm eingeführt, mit einer Rundmail haben wir zuvor bei anderen Manufaktur-Inhabern gefragt, wie sie das handhaben. Das war sehr hilfreich. Das Feedback, das wir uns gegenseitig zu verschiedenen Themen geben, ist spannend. Darüber hinaus gehen wir auch immer wieder Kooperationen miteinander ein.

Sie schreiben die Glastradition im Bayerischen Wald auf hohem Niveau fort. Mit welchem Gefühl blicken Sie in die Zukunft?

Wir bewegen uns mit dem Luxussegment in einer Nische und ich habe das Gefühl, dass wir derzeit sehr gut für die Zukunft aufgestellt sind. Wir werden auf diesem Weg weitergehen – auch über Deutschlands Grenzen hinaus. In unserer Manufaktur gibt es so viel tradiertes Know-how, das über die Jahre hochprofessionell miteinander vernetzt wurde. Das gilt es mit modernen Ideen und Strategien zu bewahren.

Sie sind ja auch noch Chef einer zweiten Manufaktur, der Freiherr von Poschinger Edelbrandmanufaktur. Wie kam es dazu?

Das war im wahrsten Sinne des Wortes eine Schnaps-Idee. Durch die Jägerei habe ich gute Bekannte in Tirol, wo es eine hohe Brennereidichte gibt. Als sie mich einmal besucht haben und sich unseren üppigen Obstgarten auf Gut Oberfrauenau angeschaut haben, haben sie mich motiviert, mehr daraus zu machen. Ich habe mich dann tatsächlich vor gut einem Jahrzehnt um das Brennrecht bemüht. Zunächst dachte ich, Hochprozentiges aus dem Gutsobstgarten sei

London Dry Gin mit acht verschiedenen Bayerwald-Botanicals „Re(h)serviert" mit Rehmotiv. Foto: Sepp Eder

ein schönes Geschenk, doch irgendwann habe ich unsere eigenen Geiste und Brände in den Laden der Glasmanufaktur gestellt und immer mehr begeisterte Abnehmer gefunden. Auch Gastronomie und Hotellerie in der Region oder das essStudio der Regiothek in Passau bieten unsere Produkte sehr gern an. Da haben wir offensichtlich eine Lücke geschlossen.

Wie darf man sich Ihren Obstgarten vorstellen?

Die Glashüttenherren haben den rund 1,7 Hektar großen Obstgarten unter anderem mit Äpfeln, Birnen und Zwetschgen samt Imkerei Anfang des 18. Jahrhunderts angelegt und ihn 1792 mit einer umlaufenden Mauer eingefasst. Noch heute zählen der Garten und die Hofflächen mehr als 100 Obstbäume verschiedenen Alters, darunter zahlreiche historische und für die Höhenlage geeignete, mittlerweile jedoch fast vergessene Sorten.

Was zeichnet Ihre eigenen „Schnäpse" aus?

Für unsere Brände werden die Früchte im biozertifizierten Streuobstgarten von Hand gepflückt und gleich nebenan in der Hausbrennerei zu Destillaten verarbeitet. Deren Geschmack basiert allein auf den Obstaromen. Auf künstliche Zusätze wird konsequent verzichtet. Bei der Produktion setzen wir auf Qualität statt Quantität und kleine Chargen. So kann es – je nach dem Ertrag einzelner Obstsorten – sein, dass manche Sorten schnell ausgetrunken und dann nicht mehr erhältlich sind.

Ihr Glas und ihre geistreichen Getränke gehen eine grandiose Verbindung ein ...

Unsere Geiste und Brände werden in sogenannten original versiegelten Schlegelflaschen abgefüllt – uralte bayerische Maßflaschen, die von der Form her dem typischen Steinmetz-Werkzeug glichen. Sie haben ein Fassungsvermögen von 0,5 Litern, werden in unserer Glasmanufaktur mundgeblasen und in historischer Manier als Replik gefertigt. Die Flaschen sind einfach viel zu schön, um sie nach dem Austrinken zu entsorgen. Sie finden bestimmt noch eine praktische Verwendung – zum Beispiel als formschöne Essig- oder Ölflaschen.

DIE GLASBRANCHE IM BAYERISCHEN WALD

Böhmische Glasmacher gründeten im Bayerischen Wald die ersten Glashütten – in Frauenau (1420) und Rabenstein (1421). Der Wald bot ideale Voraussetzungen, denn er lieferte die wichtigsten Rohstoffe Holz und Quarz in Hülle und Fülle. Bis ins 16. Jahrhundert hinein stellten die Glasmacher hauptsächlich Spiegelglas, Butzenscheiben für Fenster sowie Schmuck- und Rosenkranzperlen her. Gegen Ende des 17. Jahrhunderts wurde das „Böhmische Kristall" erfunden. Es begann die Hoch-Zeit für das Glas. Geblasen, bemalt, geschliffen und graviert wurden sämtliche Arten von Gebrauchs- und Ziergläsern.

Seit dem 19. Jahrhundert hat die Automatisierung auch in den Glashütten Einzug gehalten. Viele namhafte Unternehmen mussten für immer schließen. Die Zahl der Beschäftigten in der Glasindustrie ging in den 1970er- und 1980er-Jahren von rund 8000 auf 2000 Beschäftigte zurück. Dies lag vor allem an der Schließung von Hütten im Bereich der (Hohl-)Glasproduktion für Haushalt und Gastronomie.

Ein Wandel der Tischkultur, die Industrialisierung und die Globalisierung haben dafür gesorgt, dass die Glasbranche im Bayerischen Wald, was die Quantität der Unternehmen anbelangt, an

Strahlkraft verloren hat. Die Heimatforscherin Marita Haller schreibt in ihrem Vorwort zu dem Buch „Verschwundene Glashütten": „Trotz der Glasfachschule und den bestens ausgebildeten Glasschaffenden leben heute vergleichsweise zu früher nur noch wenige Glasmacher und heute auch Glasmacherinnen von ihrem Beruf. Glashütten und Glasveredeler können nur überleben, wenn sie flexibel auf den Markt reagieren, sich spezialisieren und Marktlücken entdecken."

Benedikt Freiherr von Poschinger etwa hat dies erfolgreich getan. Er betreibt in Frauenau (Landkreis Regen) in der 15. Generation eine Glasmanufaktur. Mit ihrer über 450-jährigen Geschichte ist sie die älteste Glashütte der Welt in ununterbrochenem Familienbesitz. Das Unternehmen hat sich neu ausgerichtet – von der Akkordlohnproduktion auf Sonder- und Spezialanfertigungen.

Aktuell halten sich die verbliebenen handwerklich orientierten Schau- und Kunstglashütten im Bayerischen Wald immer noch gut. Sie verstehen sich als Gegenentwurf zur industriellen Massenproduktion und setzen auf Käufer, die Mundgeblasenes und Handgemachtes mit einzigartigem Charakter schätzen.

Glashütten können heute nur noch überleben, wenn sie sich spezialisieren. Die Manufaktur Poschinger macht es vor. Foto: Sepp Eder

Foto: pixeltypen

GÜRTEL UND GELD-BEUTEL „GEMACHT FÜRS LEBEN"

Michael Kilger verbindet ein altes Handwerk mit modernen Vertriebskanälen

Zwei Gürtel, die viel zu schnell kaputt gingen, sind „schuld" daran, dass es heute in Viechtach eine Ledermanufaktur gibt. Doch von vorne. Die Familie Kilger betreibt seit 1856 in der fünften bzw. sechsten Generation im Bayerischen Wald eine Gerberei. Aus Rohhäuten wird rein ökologisch gegerbtes Leder von höchster Qualität gefertigt – für Sohlen und inzwischen vorwiegend für den internationalen Reitsportbereich. Nachdem die Gürtel, die ihm seine Mutter geschenkt hatte, in kürzester Zeit hinüber waren, dachte sich Michael Kilger: Wir haben doch eine Gerberei und stellen hochwertiges Rindsleder her, da mache ich mir selbst einen Gürtel. Er probierte und tüftelte so lange, bis er das perfekte Teil in den Händen hielt. Das bereitete ihm so viel Freude, dass er möglichst viel über Lederverarbeitung lernen wollte. Er machte Praktika bei Sattelmanufakturen oder Schuhmachermeistern und studierte außerdem Betriebswirtschaft und Marketing.

Im Familien- und Freundeskreis waren seine handgemachten Gürtel schnell heiß begehrt. Ein neues Geschäftsmodell kristallisierte sich heraus. In der Firma bekam er ein eigenes Stockwerk und startete die MK Lederwaren Manufaktur in der Lederfabrik Kilger – zunächst als Kleingewerbe neben Schule und Studium, inzwischen als Teil des Familienunternehmens. Mit einer Handvoll Mitarbeitern stellt „Michi" Kilger dort Lederprodukte, vor allem Gürtel, her. Vertrieben werden sie hauptsächlich via Online-Shop. Kilger fasziniert die

Veronica und Anton Kilger mit Sohn Michael und dem Firmenhund Chico;
Foto: pixeltypen

„A Spezl fürs Leben" sollen die Kilger-Gürtel sein. Sie werden nach Maß gefertigt. Foto: pixeltypen

Verbindung zwischen einem alten Handwerk und modernen Vertriebskanälen. Große Stückzahlen interessieren ihn nicht und er hat bereits mehrere einschlägige Angebote abgelehnt. Der Juniorchef will nachhaltig arbeiten und Einzelstücke von Hand mit Liebe zum Detail am besten „für die Ewigkeit" produzieren. Daher auch der Slogan „Gemacht fürs Leben".

Die Kunden seien immer wieder baff, wenn sie von der lebenslangen Garantie hören, die die Manufaktur auf ihre Gürtel gebe, erzählt er. „Sie können kaum glauben, dass wir reparieren und notfalls Teile wie ramponierte Schnallen ersetzen." Die Gürtel werden vor allem aus Deutschland, Österreich und der Schweiz geordert, gehen an ausgewählte Einzelhändler und als spezielle Anfertigungen an Firmenkunden.

Jeder Gürtel wird nach Maß gemacht. „Nicht nur bei der Auswahl der Zierbänder – es gibt so viele Möglichkeiten", sagt Kilger und erteilt der „Amazon-Kultur" eine deutliche Absage. „Wenn der Kunde einen Gürtel oder einen Geldbeutel bestellt, geht das Teil bei uns in Produktion und wird nicht einfach irgendwo aus dem Regal genommen." Und Michael Kilger hat schon längst neue Produkte im Kopf: zunächst Kulturbeutel und Lederrucksäcke; außergewöhnliche Aktentaschen sollen folgen.

Die Kombination der Manufaktur mit einer Lederfabrik ist wohl einzigartig. Der Viechtacher: „Hier vor Ort findet die gesamte Wertschöpfungskette statt, von der rohen Kuhhaut bis zum maßangefertigten Gürtel." Die Kilgers fertigen traditionell Leder mit der sogenannten vegetabilen Grubengerbung. Dabei werden nur natürliche Stoffe wie Rinden und Holzextrakte eingesetzt.

Früher einmal war Leder für Schuhsohlen ein Mega-Markt. Doch der Siegeszug der Gummisohle brachte die Branche schwer unter Druck. In Viechtach suchte man sich für das hochwertige Leder eine lukrative Nische. Heute gehen nur noch etwa zehn bis 15 Prozent der Lederproduktion in die Sohlen-Produktion. Mit dem Reitsport hat man einen Qualitätsmarkt erobert, auf dem sich nur wenige Konkurrenten tummeln.

Michael Kilger liebt Details und strebt bei der Lederverarbeitung nach höchster Perfektion. Foto: pixeltypen

Kilger ist „über die Geschichte mit den Gürteln" in die Firma hineingewachsen. „Ich wollte immer mehr wissen, auch über unsere eigene Unternehmensgeschichte." Längst kann er sich nichts anderes mehr vorstellen, als sich beruflich mit Leder zu beschäftigen. „Es wurde schnell klar, dass ich genau das und nichts anderes machen möchte. Für mich bedeutet es jeden Tag eine große Freude, das Leder zu riechen, wenn ich die Firma betrete."

LEDERMANUFAKTUR MK/ KILGER LEDERFABRIK

Prof. Hermann-Staudingerstraße 8
94234 Viechtach
Telefon: 0 99 42 / 94 10 14
michael@kilger.de
www.mk-ledermanufaktur.de

Foto: Michael Wühr

VOM ELEKTRONIKER ZUM NATURSEIFENKOCH

◆•◆•◆

Ob mit Gin, Blutwurz, Äpfeln oder Kaffee:
Michael Wühr erfindet ständig neue Sorten

Eigentlich ist ja die Mama dafür verantwortlich, dass Michael Wühr seinen Elektroniker-Beruf aufgab und heute Seifen herstellt. Sabine Wühr liebt nämlich alles, was grünt und blüht. Aus dem heimischen Garten in Schweinhütt hat sie einen beeindruckenden Schaugarten gemacht – eine bunt-duftende Oase voller Zier- und Nutzpflanzen „wie aus dem Bilderbuch", die immer mehr Besucher anlockte. Irgendwann dachte sich der Sohn, dass all die farbige Pracht viel zu schade dafür war, zu verblühen oder zu schnell welkenden Sträußen verarbeitet zu werden. Gemeinsam mit einem befreundeten Brenner destillierte er Lavendel zu einem ätherischen Öl, das er für eine Naturseife verwenden wollte. Er kaufte sich Bücher und wagte mit seiner Mutter einen Versuch, „bei dem so ziemlich alles schief ging, was man sich nur vorstellen konnte". Nach dem Debakel war erst mal Pause, doch Michael Wühr nahm einen neuen Anlauf, bei dem prompt alles funktionierte. Die Ergebnisse der Seifen-Premiere wurden in Papiertütchen gepackt, professionell nach einem Muster aus dem Drogeriemarkt beschriftet und verschenkt. Die Rückmeldungen waren so positiv, dass der Niederbayer beschloss, weiterhin Seifen herzustellen und diese zu verkaufen – zunächst im Nebenerwerb am Feierabend.

Schnell kamen mehr Varianten dazu, die der Niederbayer recht spontan kreiert. Inzwischen gibt es Haarseifen (auch zur Bartpflege), Salzseifen, Peelingseifen, Saison-

Duftnoten und Seifen-Rezepturen sind jetzt seine neue Berufswelt: Michael Wühr. Foto: Sara Pfeffer

149

seifen, Wohlfühlseifen, Badekugerl und „besondere Seifen". Da wären der „Herbstapfel", der „Rosentraum" (die Mama hat rund 120 Sorten in ihrem Garten gepflanzt), der „Sonndorfer Blutwurz", die Bierseife „Adam Bräu", die „Neureuter Kaffeeseife" oder die Woidseife Zirbelkiefer, die für einen ruhigen Schlaf und ein gesundes Herz sorgen soll. Und weil Gin derzeit so in ist, wurde mit der besagten Woidbrennerei sogar eine „Woid Gin Seife" kreiert.

Die Seifen werden immer noch nach der gleichen Rezeptur wie beim (zweiten) Anfang hergestellt, in den gleichen 2016 von Papa Alois Wühr produzierten Holzformen. Bei allen Produkten der Woidsiederei handelt es sich um sogenannte Naturseifen. Doch was unterscheidet sie von „normalen" Seifen? Michael Wühr: „Wir verwenden ausschließlich natürliche Farben und setzen auf natürliche Düfte. Die Seifenbasis besteht aus einer Mischung aus fünf verschiedenen hochwertigen Ölen, Fetten und Buttern aus kontrolliert biologischem

Bei allen Seifen der Woidsiederei handelt es sich um sogenannte Naturseifen.
Foto: Sara Pfeffer

Anbau.“ Waschprodukte aus dem Super- oder Drogeriemarkt seien meist mit synthetischen Tensiden (Schaummitteln), künstlichen Farbstoffen und synthetischen Duftstoffen versetzt. Die Produkte der Woidsiederei machen verschiedene Tonerden und Minerale farbig. Ihr Duft stammt laut Wühr von „naturreinen, naturidentischen und ätherischen Ölen verschiedenster duftgebender Pflanzenteile und deren Früchten“.

Naturseifen haben aber auch eine wichtige Umweltkomponente. Der Manufaktur-Chef: „Wenn sie verbraucht sind, dann ist schlichtweg nichts mehr da. Es gibt keine Rückstände und auch kein Plastikmüllproblem wie etwa bei vielen Flüssigseifen.“

WOIDSIEDEREI – NATURSEIFENMANUFAKTUR BAYERISCHER WALD

Am Grubfeld 6
94209 Regen
Telefon: 0 99 21 / 94 89 90 10
servus@woidsiederei.de
www.woidsiederei.de

Weil es schnell gut lief mit den Seifen und ihm deren Herstellung so viel Spaß bereitete, kündigte Michael Wühr 2018 seine Festanstellung und widmet sich seither Duftnoten und Seifen-Rezepturen. Das kleine Unternehmen besteht aus Familienmitgliedern und einigen Mitarbeitern. „Mein Job ist es, Seifen zu entwickeln und herzustellen“, sagt er. Diese haben zunächst die Form eines Blocks, der dann in Stücke geschnitten und gestempelt wird. Die Seifen werden eine Woche lang getrocknet, bevor sie verpackt werden.

Werbung braucht die Woidsiederei so gut wie gar nicht. Wühr macht eigentlich „nur ein bisschen Social Media“, ansonsten empfehlen zufriedene Kunden seine Produkte weiter. Händler kommen auf ihn zu, er muss sie nicht aktiv akquirieren, auch der Online-Shop wird immer reger genutzt. Am liebsten sind ihm aber der direkte Kontakt und das Feedback auf den Märkten.

Foto: Fischer

HOLZBRILLEN UND MOBILE HÜHNERSTÄLLE

*Ein Schreinermeister hat sich in
Nischen komfortabel eingerichtet*

Der Schreinermeister Karl Fischer aus Steinach ist ein Tüftler. Besonders stolz ist er auf das Patent, das er auf ein ganz spezielles Holzprodukt erhalten hat: von ihm entwickelte und aus einem Holzscheit gefertigte Brillen, auf gut niederbayerisch „Hoizbruin". Der Niederbayer wollte der „Schinderei" in seiner Ein-Mann-Schreinerei ein filigraneres Nischenprodukt entgegensetzen. Dabei sollten grüne Gedanken eine Rolle spielen: „Ich wollte aus den Holzabfällen etwas Sinnvolles machen." Da kam Brillenträger Fischer auf die Idee mit den Holzbrillen und begann dafür die unterschiedlichsten Massivhölzer auszuprobieren. Die ersten „Bruin" fertigte er komplett in Handarbeit für den Eigenbedarf.

2015 gründete er für diese Produktschiene die Hoizbruin GmbH und holte sich kompetente Beratung, die ihn bis zum Patent führte. Damals ergaben die Recherchen des Patentanwalts, dass der Steinacher der Einzige in ganz Europa ist, der Brillen aus einem „Holzscheidl" herstellt. Für seine exklusiven modischen Brillenfassungen verwendet Fischer ausschließlich heimische Hölzer aus nachhaltigem Anbau. So kann man bei ihm Modelle aus Zwetschgen-, Apfel-, Kirsch-, Nuss- und Ahornbaumholz und sogar aus „Eiche wurmstichig" erwerben. Auf Anfrage können aber auch andere Hölzer verarbeitet werden. Und wer will, der kann sogar sein eigenes Holz mitbringen – falls es sich für eine „Bruin" eignet. Der Schreiner

Der begeisterte Hühnerhalter wollte für die Tiere die bestmögliche Behausung schaffen. Foto: Fischer

*Patentierte Entwicklung: Karl Fischer fertigt
Brillen aus einem Holzscheit.* Foto: Fischer

hat nämlich die Erfahrung gemacht, dass man nicht aus jeder Holzart Brillen fertigen kann, die seinen hohen Qualitätsanforderungen entsprechen. Fischer experimentiert gerne mit verschiedenen Hölzern – wie beispielsweise Flieder („Das riecht wie Parfüm"), Holunder oder Bahia Rosenholz. Am liebsten hat er als tief in Niederbayern verwurzelter Mensch aber „das Holz, das bei uns wächst".

All die Hölzer werden lediglich mit Leinöl oberflächenbehandelt. Die Fassungen werden aus einem Massivholzstück ausgefräst, geschliffen und aufpoliert. Fischer: „Durch Kombinationen verschiedener Holzarten lassen sich unendlich viele Varianten schaffen." Jede Brille ist ein Einzelstück. Schließlich hat auch jedes Holz eine andere Maserung. Die patentierten Bügel bestehen laut Fischer aus einer zweischichtigen Verbindung zwischen Holz und „Acrylstein". Sie können individuell durch Wärme angepasst werden. Das unterscheidet sie von Massenware made in Fernost.

Aber warum eigentlich eine Brille aus Holz? Fischer nennt neben der besonderen Optik („Ich werde ganz oft auf meine Brillen angesprochen") Vorteile wie die gute Eignung für Allergiker. „Unsere Brillen verfügen über die anerkannte CE-Kennzeichnung und sind somit ein Medizinprodukt Klasse 1." 2016 durfte er sie am Gemeinschaftsstand der bayerischen Handwerkskammern auf der Internationalen Handwerksmesse in München präsentieren. Fischers Brillen lassen sich mit fast allen Stärken verglasen.

Dafür ist allerdings ein spezielles Knowhow erforderlich. Ob Männer, Frauen oder Kinder – potenzielle Kunden können sich in Steinach verschiedene Musterbrillen anschauen. Dann fertigt der Schreiner nach den persönlichen Wünschen das individuelle Modell – so lange, bis es perfekt passt. Das Einschleifen der Gläser übernehmen Optiker.

Doch Karl Fischer wäre nicht Karl Fischer, wenn er nicht längst schon wieder ein anderes Produkt entwickelt hätte, das so gar nichts mit Brillen zu tun hat. Als begeisterter Hühnerhalter hat er lange Zeit daran gearbeitet, den Tieren die bestmögliche Behausung zu bieten und hat nun auch mobile Hühnerställe im Angebot, die längst zu einem Verkaufsrenner geworden sind. Kunden aus ganz Deutschland und dem benachbarten Ausland lassen sie sich per Spedition liefern oder nehmen zum Teil mehrstündige Anfahrten in Kauf, um das Haus für ihr Federvieh persönlich in Niederbayern abzuholen. Die Details reichen von „aushängbaren Sitzstangen aus unverwüstlicher Robinie" bis hin zu einem Aufhebelschutz gegen Marder oder Füchse.

HOIZBRUIN+SCHREINEREI GMBH

August-Schmieder-Str. 5
94377 Steinach
Telefon: 0 94 28 / 26 08 88
01 60 / 6 90 52 55
info@hoizbruin.de
www.hoizbruin.de

Foto: privat

EIN ZAHNTECHNIKER-MEISTER FINDET SEINE EIGENE FORMENSPRACHE

*Heimatliebe inspiriert Toni Gahbauer
zu außergewöhnlichen Schmuck-Ideen*

Es gibt Schmuckgeschäfte, Juweliere und Goldschmiede – und es gibt Kleinot. Sie haben richtig gelesen. Kleinôt mit -t und nicht mit -d. Denn ursprünglich wollte Toni Gahbauer in seiner Manufaktur Bronzeschmuck nach althergebrachten Abbildungen modellieren und wählte dieses alte deutsche Wort für „Schmuckstück" für sein Geschäft aus. Das Ehepaar Gahbauer beschäftigt sich seit längerer Zeit mit dem Mittelalter und spielt historische Instrumente wie Drehleier und Harfe. Es begeistert sich daher auch für Mittelaltermärkte mit ihren vielfältigen handwerklichen Angeboten. Der Weg hin zum eigenen historischen Schmuck war da nicht mehr so weit.

Doch noch etwas ist in Parkstetten anders. Der Schmuckdesigner Gahbauer ist kein gelernter Goldschmied, sondern von Beruf Zahntechniker. Eigentlich war der Vater des gebürtigen Passauers ja dafür, dass der Sohn Zahnarzt wird, doch der Numerus clausus war dagegen. Toni Gahbauer orientierte sich etwas um und machte eine Ausbildung zum Zahntechniker, die er mit dem Meistertitel abschloss.

Dabei hatte der Niederbayer schon immer ein Faible für Schmuck beziehungsweise die Herstellung von Schmuck und sah sich als Zahntechniker – mit den grundlegenden Techniken der Metallverarbeitung bestens vertraut – handwerklich herausgefordert. Ein Goldschmiedemeister gab ihm sozusagen den Feinschliff. Der Niederbayer bildete sich kontinuierlich weiter

Dem Armreif die Krone aufgesetzt: Der Niederbayer verbindet handwerkliches Können mit besonderen Design-Ideen. Foto: privat

Entweder kommen die Kunden in den Werkstatt-Keller oder der Schmuckgestalter fährt auf besondere Märkte in der Region. Foto: privat

und entwickelte eine eigene Formensprache, einen eigenen Stil. Im Keller seines Hauses richtete er sich eine Schmuckwerkstatt ein. 2008 gründete er während einer kurzen Phase der Arbeitslosigkeit seine Kleinôt-Manufaktur. Das Jahr später arbeitete er hauptberuflich wieder als Zahntechniker – vier Tage in der Woche, aber dann ging es schnell wieder hinab in den häuslichen Keller zu seinem Schmuck.

Inzwischen ist Toni Gahbauer zwar offiziell Rentner, hat aber in seiner Werkstatt gut zu tun. Er bietet eine breite Palette von Schmuckstücken an – von preiswerteren Metallkreationen in Bronze und Silber bis hin zu hochwertigen Einzelstücken in Gold mit edlen Steinen. Die Kundschaft schätzt seine Detailgenauigkeit und seinen schnörkellosen, geradlinigen Stil. Eine besondere Freude und Herausforderung bedeutet es für ihn jedes Mal, wenn er eigene Ideen der Kundinnen und Kunden realisieren kann. Gahbauer liebt es, individuelle Schmuckstücke herzustellen – auch gerne mit mitge-

brachtem Altgold oder alten Preziosen. Die schmilzt er ein und macht etwas Neues daraus. Der Schmuckgestalter: „Meinen Kundinnen bedeutet es viel, wenn sie beispielsweise ein Erbstück ihrer Oma in modernem Gewand weitertragen können."
Eine Spezialität von Kleinôt ist auch die Aufnahme lokaler Motive. So findet sich etwa der Straubinger Stadtturm in verschiedenen Varianten auf Gahbauers Schmuckstücken wie Ringen oder Ohrsteckern und als Charivari-Anhänger wieder. Außerdem hat der Niederbayer die „Donauwellen" entworfen: mit dem Straubinger Stadtturm in der Mitte, dem Bogenberg und der Kirche, einem Baum für den Wald und einem Bogen, der die ganze Region umspannt. Das Ganze gibt es als Landkreis-Anhänger, als schmückendes Wahrzeichen des Straubinger Landes in Silber dreifarbig mit vergoldeten Spitzen und einer rosé vergoldeten Donau.
Am allerliebsten macht der Schmuckdesigner aber Ringe. Er bombiert sie, das bedeutet, dass er die Kanten abrundet. Dabei entsteht eine Wölbung, die den Tragekomfort deutlich verbessert. Der Ring lässt sich besser auf- und abziehen. Bei ihm gibt es asymmetrische Silberringe, speziell auch für den linken Ringfinger, Froschkönig-Ringe mit einer schönen großen Zuchtperle, Herrenringe mit bayerischen Rauten, Krönchen-Ringe gehämmert und diamantiert, Eheringe, offene Ringe, Ringe mit Edelsteinen … Die Kunden kommen entweder zu Gahbauer in den Keller oder er fährt auf die unterschiedlichsten Märkte in der Region – glücklich darüber, im Ruhestand endlich genug Zeit für seinen Traumjob zu haben.

SCHMUCKMANUFAKTUR KLEINÔT

Kößnacher Str. 36
94365 Parkstetten
Telefon: 0 94 21 / 96 31 42
info@kleinot.de

www.kleinot.de

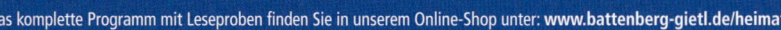